W0331261

TOP ACTION !

FACE AUX CRISES

Denis Favier
Ancien commandant du GIGN

Jean-Louis Fiamenghi
Ancien chef du RAID

Entretiens avec
Guillaume Farde

TOP ACTION !
FACE AUX CRISES

MAREUIL
ÉDITIONS

« Top action ! », que nous avons retenu pour le titre, est le signal donné par un chef d'unité d'élite à une colonne ou à un groupe d'assaut pour intervenir.

***

Tous droits réservés. Toute représentation ou reproduction intégrale ou partielle faite par quelque procédé que ce soit est interdite sans l'autorisation écrite de l'éditeur.

Pour vous tenir informé des prochaines publications de Mareuil Éditions, rendez-vous sur : www.mareuil-editions.com

ISBN : 978-2-37254-24-25

© MAREUIL ÉDITIONS – 2022

Sommaire

Présentation des auteurs

Denis Favier

À sa sortie de Saint-Cyr, le Général d'Armée (2S) Denis Favier fait le choix de la Gendarmerie nationale. Son parcours est marqué par une forte dominante opérationnelle. Il commandera, notamment, à deux reprises le GIGN (1992-1997 et 2007-2011). Avec cette unité, il aura à gérer des crises terroristes majeures. De 2013 à 2016, il sera directeur général de la Gendarmerie nationale et placera les opérations au cœur de son mandat.

Jean-Louis Fiamenghi

De jeune enquêteur au début des années 1970 au grade de préfet, Jean-Louis Fiamenghi a fait toute sa carrière dans les unités d'intervention : la BRB, la BRI, les GIPN et notamment le RAID, dont il sera le patron en 2005, puis le SPHP, qu'il dirigera de 2007 à 2010 avant de devenir le directeur de cabinet du préfet de police. Il est aujourd'hui directeur de la Sûreté du groupe Veolia.

Guillaume Farde

Guillaume Farde est professeur affilié à l'École d'Affaires publiques de Sciences Po, dont il est conseiller scientifique de la spécialité Sécurité-Défense. Il est par ailleurs chercheur associé au CEVIPOF (Centre de recherches politiques de Sciences Po).

Prologue

Pourquoi ce livre ?

En 2001, les attentats du 11 septembre contre les tours jumelles de New York rompent brutalement avec un ordre du monde que certains rêvent éternellement pacifié par une Amérique « hyperpuissance », pour reprendre les mots d'Hubert Védrine. Or, ce jour-là, les attentats perpétrés par Al-Qaïda provoquent une tension sécuritaire internationale qui fait du djihadisme mondial la première des menaces pour les démocraties occidentales. En Europe, Madrid est frappée en 2004. Londres l'est, à son tour, en 2005. À cette époque, même si la France semble relativement épargnée, l'inquiétude grandit. Redoutant la multiplication des prises d'otages de masse, à l'instar de celle de l'école russe de Beslan en septembre 2004, le RAID[1] et le GIGN entament un rapprochement opérationnel. En cas d'événement grave, ces deux unités doivent pouvoir travailler ensemble et faire de leurs différences d'utiles complémentarités.

En 2008, une autre crise émerge et secoue le monde. Elle est financière et déstabilise durement les économies mondiales. Peu préparée, la finance internationale doit son salut à l'engagement décisif des États, conscients de l'ampleur inédite de cette crise systémique.

En parallèle, la menace du terrorisme de masse s'intensifie. En 2012, les attentats perpétrés par Mohammed Merah sont les

1. Pour les sigles et acronymes, voir le glossaire en fin d'ouvrage.

prémices d'un terrorisme de masse qui, passé sous la houlette de Daech, frappe durement la France en 2015 avant de toucher à leur tour la Belgique et l'Allemagne en 2016, puis la Grande-Bretagne ou encore l'Espagne en 2017. Aujourd'hui, plus endogène qu'exogène, cette menace reste néanmoins très élevée.

Entre 2018 et 2019, le mouvement social des Gilets jaunes constitue, à l'échelle de la France, une forme particulière de crise qui, par sa nature et par sa durée, déstabilise l'Exécutif. Un an plus tard, la Covid-19 est à l'origine d'une pandémie mondiale qui met à l'arrêt l'économie internationale tout en contraignant fortement l'activité des administrations et des entreprises. Début 2022, alors que les États se relèvent progressivement, l'invasion de l'Ukraine par l'armée russe plonge à nouveau le monde dans une insécurité tant militaire qu'économique.

Cette rapide rétrospective des vingt dernières années a ceci d'inquiétant que les crises se succèdent à un rythme de plus en plus rapide. Elles touchent désormais aussi bien les administrations que les entreprises. De la sécurité aux pandémies en passant par la finance, les faits générateurs des crises se sont multipliés de telle sorte que, pour ces entreprises, la nature des crises est changeante. Leurs conséquences, en revanche, le sont beaucoup moins. Car partout, les crises perturbent les mécanismes de prise de décision. Et partout, les chefs sont en première ligne. La pression qui s'exerce sur eux est très forte. Leur responsabilité est grande. « Seul[s] face au mauvais destin », comme disait le général de Gaulle, les chefs sont prisonniers du fameux « brouillard de la guerre » : souvent privés de boussole et dans l'incertitude des faits, il leur faut pourtant décider puis agir face à la crise.

Ce livre est destiné à tous ces chefs, qu'ils soient chefs d'entreprise, chefs de service administratif, chefs militaires ou encore chefs d'équipe, qui auront à surmonter des crises sans jamais se laisser paralyser.

Il s'adosse à des récits tirés de la vie professionnelle de ces deux figures inspirantes de la Gendarmerie nationale et de la Police nationale que sont Denis Favier et Jean-Louis Fiamenghi.

Après avoir été respectivement commandant du GIGN et chef du RAID, ils ont été directeur général de la Gendarmerie nationale, et préfet, directeur de cabinet du préfet de police de Paris, avant de rejoindre deux grands groupes du CAC40, dont ils sont les directeurs de la Sûreté – Denis Favier chez TotalÉnergies et Jean-Louis Fiamenghi chez Veolia.

Guillaume Farde

Introduction

Qu'est-ce qu'une crise ?

Guillaume FARDE (GF) : L'exercice des responsabilités au plus haut niveau vous a conduits à affronter des crises de nature, d'intensité et de durée variables. Ce qui m'amène à une toute première question pour démarrer cet entretien : pour vous, qu'est-ce qu'une crise ?

Denis FAVIER (DF) : La première notion qui me vient à l'esprit quand on parle de crise, de crise lourde, c'est celle de chaos. La crise est une sorte de désordre majeur. C'est la confusion, voire la destruction. Les systèmes classiques ne fonctionnent plus. On n'a plus nos repères habituels pour prendre les bonnes décisions. Tout est déstabilisé, et c'est là qu'il faut des services, des unités ou des équipes suffisamment solides pour absorber ce choc qu'est la crise et pour pouvoir ainsi la surmonter.

GF : Si l'on cherchait une métaphore pour caractériser ce chaos, diriez-vous que ce serait comme le pilote qui entre dans une zone de turbulences ? Ce serait la bonne métaphore ?

DF : Oui. La crise, c'est une zone de très fortes turbulences.

GF : Jean-Louis Fiamenghi, vous qui avez eu à gérer de multiples « turbulences », qu'est-ce qu'une crise pour vous ?

Jean-Louis FIAMENGHI (JLF) : En fait, la crise, chacun a sa manière de l'aborder. C'est une notion relative. Ce qui est une crise pour vous, Guillaume, ne l'est peut-être pas pour moi ni pour Denis. La perception qu'en ont les différents acteurs varie. Au-delà de toutes les procédures techniques mises en place, le plus important demeure l'état d'esprit que nous devons développer pour adapter nos réponses aux problèmes révélés par la crise, en refusant notamment certains pièges liés aux certitudes. Si je devais donner une définition, je dirais que la crise, c'est l'incident qui tourne mal et qui engendre une incertitude dont les effets perturbent les comportements individuels et collectifs.

GF : En plus de cette notion de chaos, y en a-t-il d'autres que vous associeriez à la crise ?

DF : Oui, la deuxième notion que, pour ma part, j'associe immédiatement à la crise est celle de l'humilité.

GF : Pourquoi cela ?

DF : Face à la crise, on se rend compte que même les systèmes les mieux rodés sont vulnérables. Les hommes, même les plus forts, même les mieux entraînés, peuvent être mis en difficulté et les pays, même les plus équilibrés et les plus solides, peuvent être déstabilisés. La crise, si l'on ne s'en empare pas, est capable d'inverser une situation que l'on croyait particulièrement stable. C'est la raison pour laquelle la vague qui vous submerge en situation de crise doit être abordée avec humilité. Nous ne sommes rien face à la crise majeure. Il est cependant possible d'inverser le cours des choses mais il faut le faire avec méthode et réflexion. Je me méfie beaucoup de ceux qui ont des certitudes face aux crises. La crise est un objet complexe. On peut en gérer une très bien et puis, un mois après, échouer face à une autre. Toutes les crises sont différentes.

JLF : Le chaos, l'incertitude et l'incompréhension des situations qui s'enchaînent provoquent des changements de comportement. Les raisonnements les plus cartésiens sont perturbés par les émotions. Le stress, la fatigue, les temps contraints, nos responsabilités, nos fonctions sont autant de perturbateurs de nos capacités à prendre les bonnes décisions. Dans ces moments-là, les qualités telles que l'autorité, la confiance, l'audace, le respect, l'humilité et, surtout l'imagination, revêtent une importance considérable et sont essentielles à la résolution de la crise. Au moment de prendre une décision, si le donneur d'ordre n'adapte pas sa tactique et reste prisonnier de procédures trop strictes, son manque d'humilité peut conduire le groupe à une réponse inadaptée. En période de crise, le chef doit savoir écouter ses équipes en faisant preuve d'humilité. Car le succès d'une bonne gestion de crise repose souvent sur le collectif. Cela n'enlève rien aux qualités individuelles d'un chef, mais l'humilité évite d'être pétri de certitudes. D'ailleurs, les chefs des unités d'intervention sont souvent des personnes humbles. La confrontation au réel vous ramène toujours à l'humilité.

GF : Si l'on revient sur vos débuts de carrière respectifs, quelle a été votre première confrontation à la crise ?

DF : L'intensité des crises est très variable, de la faible à la haute intensité. Et dans nos métiers, en commençant jeune dans la carrière, on peut rencontrer des crises de faible intensité très rapidement. C'est d'ailleurs à l'occasion de ces crises-là qu'on se forme, qu'on apprend et qu'on s'améliore. À titre personnel, ma première confrontation à la crise, ce fut en Nouvelle-Calédonie, en 1985. J'ai alors 26 ans. Je suis commandant de peloton en Gendarmerie mobile et je suis confronté, comme tous ceux qui ont connu cette époque, à des situations tendues.

GF : Et vous vous dites : « Ça y est, je suis confronté à ma première crise » ? Comment vous sentez-vous à ce moment-là ?

Prenez-vous immédiatement conscience de vivre votre première confrontation à une crise?

DF: À ce moment-là, on est dans la réalité du métier que l'on a choisi. On est dans l'action et dans l'engagement. Tout ce qui a animé nos pensées d'enfant et d'adolescent prend sens. J'ai toujours aimé l'action. J'ai vibré au son des épopées et des récits militaires. J'ai grandi dans cet esprit d'engagement, de service de l'autre, de service de la France... C'est ma vocation. La vocation donne du sens à la vie. Et moi, ce que je voulais faire depuis toujours, c'était m'engager en opération. Et donc, quand on sent qu'on est fait pour les opérations, on ne les rejette pas quand elles se présentent. Lors de la première confrontation à une crise, on n'a pas le choix, il faut y aller. Il faut s'engager.

GF: Mais vous aviez seulement 26 ans. À 26 ans, est-ce qu'on a peur?

DF: Non car, d'une part, le collectif permet d'appréhender ce genre de situation et, d'autre part, la formation reçue nous y prépare. Et cela restait une opération élémentaire.

GF: Et vous, Jean-Louis Fiamenghi, quelle a été votre première confrontation à une crise?

JLF: Je reste convaincu que les crises sont des moments d'expérience que nous tentons de vivre le mieux possible tout au long de notre existence. Les interventions armées sont, en cela, des crises très particulières. En 1972, j'ai 22 ans. J'arrive à la Brigade de répression du banditisme (BRB) et je suis affecté à des affaires de flagrant délit, que l'on appelle vulgairement «le saute dessus». L'issue n'est pas toujours prévisible, car il est difficile d'anticiper les réactions des individus à interpeller. J'aime immédiatement ce climat propre aux interpellations des pickpockets et des cambrioleurs. Si ce n'est pas tout à fait comparable à de la gestion de crise, je m'aperçois très vite, et cela me servira plus tard, que nous sommes toujours obligés de nous adapter aux réactions imprévisibles des malfaiteurs tout en nous appuyant sur des techniques enseignées par les plus anciens au sein du groupe. Lors de ma toute première interpellation, j'étais avec mes deux coéquipiers et nous devions appréhender deux malfaiteurs impliqués dans une affaire de tableaux volés. Nous avions préparé notre intervention : mon équipier, beaucoup plus costaud que moi physiquement, se réservait « le plus grand », le second malfaiteur m'étant désigné par défaut. Arrivés à leur hauteur, nous pointons nos armes vers eux sans que cela les impressionne véritablement, aussi sommes-nous obligés de nous jeter sur eux pour les menotter rapidement. Contrairement à notre plan, je me retrouve face au malfaiteur le plus grand, que j'arrive à maîtriser assez facilement, tandis que mon équipier doit affronter son complice, particulièrement teigneux. D'une certaine manière, nous étions en crise, car notre plan ne s'était pas déroulé comme prévu. Ces prises de décision sont parfois des moments difficiles à appréhender dans des délais contraints, où il faut tout à la fois réfléchir au cadre juridique de notre action, gérer le stress et procéder à l'interpellation. Pour ma part, j'ai ressenti ces premières interpellations comme une sorte de gestion de crise.

GF : Lors de ces interpellations, avez-vous eu peur ?

JLF : En fait, cela va très vite. La peur, c'est surtout avant. Dès l'instant où l'action est lancée, notre expérience, notre formation, l'appartenance au groupe, limitent les effets de la peur. C'est un peu comme au sein d'une colonne d'assaut du RAID : une fois que le chef a dit « top », l'action prend le dessus. L'apparition du stress entraîne des modifications psychologiques et physiques importantes, que nous devons chercher à maîtriser tout au long de notre vie professionnelle. Nous ne sommes pas tous égaux devant la peur.

GF : Dans la manière dont vous dîtes, l'un et l'autre, avoir fait face à votre première crise, la notion de collectif revient souvent. Doit-on en déduire que la crise se surmonte forcément à plusieurs ?

JLF: Oui, la crise se surmonte à plusieurs si la gestion des émotions est prise en compte individuellement et collectivement. Durant ma jeunesse, j'ai eu la chance de comprendre l'importance du collectif. Le groupe, la solidarité et le sentiment d'appartenance nous renforcent considérablement. C'est par l'entraînement physique que j'ai ressenti la puissance du groupe. Nous sommes toujours plus forts à plusieurs. C'est dans le partage de l'effort que s'expriment la puissance et la solidarité du groupe. Le monde de l'entreprise l'a compris aussi, et envoie ses collaborateurs suivre des stages de management dans les enceintes militaires. La fraternité et la cohésion naissent puis se renforcent dans ces moments-là. Pour ma part, l'enseignement et la formation reçus en école militaire m'ont été bénéfiques pour l'entrée dans le monde adulte, et m'ont suivi tout au long de ma vie. Baigné par les récits de généraux illustres et les valeurs qu'ils véhiculent, j'ai été porté vers l'action.

DF: En situation de crise, il est impossible de faire sans un collectif soudé, un collectif où la notion de confiance fonctionne à tous les niveaux hiérarchiques. Globalement, on s'en sort car on a été formé à affronter des crises dès le début de notre carrière. Moi, ce qui m'a été utile, c'est ma formation militaire, celle que j'ai reçue en école. Elle permet d'analyser les situations et de conduire un raisonnement tactique dont il ne faut jamais se départir. Cette formation qui, en fait, est une disposition de l'esprit m'a été utile tout au long de ma carrière. Cette utilité apparaît, bien sûr, lors des crises de haute intensité, mais c'est aussi valable lors des crises de moindre intensité, celles que l'on peut rencontrer partout, y compris dans le monde de l'entreprise. Il faut donc pouvoir analyser, raisonner, et il est essentiel d'être capable de décider. Cela a toujours guidé mon action, dès ma toute première confrontation à une crise. Lors de celle-ci, j'ai aussi compris ce que l'engagement voulait dire. Le chef doit s'engager fortement. Et il s'engage avec un collectif. La notion de collectif m'est apparue très tôt comme étant essentielle à la gestion d'une opération. Seul, le chef n'est rien.

GF : Rétrospectivement, si celui que vous êtes aujourd'hui était le chef de celui que vous étiez il y a quarante ans, que lui diriez-vous ? Qu'il a bien géré cette première crise ?

DF : Je verrais globalement le même homme mais sans doute différent par certains aspects. En termes de gestion de crises, notamment, il a évolué, car son expérience s'est étoffée. Chacun sait que l'expérience, c'est aussi l'analyse lucide de nos erreurs.

GF : Et que dirait Denis Favier directeur général de la Gendarmerie nationale au Denis Favier jeune lieutenant, qui vient d'affronter sa première crise à 26 ans, en Nouvelle-Calédonie ?

DF : Il le regarderait avec beaucoup d'affection et de bienveillance. Il verrait quelqu'un qui y croit, qui s'engage, qui donne tout ce qu'il a, qui fait du mieux qu'il peut. C'est cela qu'un chef attend d'un chef en devenir. Et puis, il verrait aussi que le jeune lieutenant s'en est sorti. Le résultat est atteint.

GF : Même question pour vous, Jean-Louis Fiamenghi : si Jean-Louis Fiamenghi devenu préfet de la République voyait Jean-Louis Fiamenghi jeune inspecteur de la BRB, qu'est-ce qu'il lui dirait ?

JLF : Je vous réponds en commençant par évoquer une expérience très significative. À l'occasion d'une résolution de prise d'otages avenue Bosquet, dans les années 1975, nous avions cerné deux malfaiteurs qui se trouvaient dans une banque. Postés en compagnie d'Alain Marsaud, jeune magistrat en stage – il allait plus tard donner à la France un nouveau cadre législatif pour la lutte antiterroriste– et de deux équipiers, nous étions chargés de contrôler la porte arrière de la banque. Un des deux preneurs d'otages réussit à sortir et apostropha Robert Broussard, chef de la BRI par intérim. Dès son retour dans la banque, nous l'avons à notre tour copieusement insulté. En réaction, il a tiré, sans nous atteindre, par le judas de la porte. Notre attitude allait à l'encontre de tous les principes de négociation, de tempérance, de retour au calme tels qu'on les apprend aujourd'hui. Finalement, l'opération s'est bien terminée et je pense que si Jean-Louis Fiamenghi préfet était arrivé sur place à la fin, il aurait rappelé au Jean-Louis Fiamenghi jeune policier de toujours conserver son sang-froid. Il le lui aurait rappelé avec bienveillance, mais sans complaisance. Il faut rester lucide sur les qualités et les défauts des subordonnés et savoir parfois pardonner les erreurs qui ne constituent pas des fautes.

GF: Je souhaiterais revenir sur la notion d'humilité. Faut-il la relier à la chance? Y a-t-il une part de chance dans la gestion de crise, qui nécessite donc de rester humble?

DF: Il n'y a pas de part de chance dans les opérations. Parfois, on dit d'un chef à qui tout réussit qu'il «a la baraka». C'est une explication réductrice de sa réussite. Le chef qui a bien analysé la situation, qui sait ce qu'il peut demander à ses hommes et qui connaît leurs capacités va prendre la bonne décision au bon moment. Ceux qui n'ont pas conscience du processus intellectuel sur lequel repose la prise de décision en situation de crise peuvent penser qu'il y entre une part de chance. En réalité, tout se prépare et tout se travaille.

JLF: L'humilité est une qualité qu'il nous faut constamment développer tout au long de notre vie, car elle est source de succès. Quant à la chance, elle résulte souvent d'un choix basé sur le travail et l'intuition. En réalité, ce que certains nomment «l'intelligence de l'instinct» provient de la connaissance et de l'expérience. Les observateurs extérieurs pensent trop souvent que la réussite est due à la chance, alors que le succès repose avant tout sur le travail.

GF: Justement, le fait que le grain de sable soit là ou non, au fond, est-ce que ce n'est pas cela la chance?

DF : La bonne gestion de crise, c'est justement la gestion du grain de sable. C'est surtout vrai pour les unités d'élite. Dans un système conventionnel, vous avez un schéma tactique, vous le déroulez, le grain de sable arrive, donc vous arrêtez tout pour repenser l'engagement car l'opération peut être compromise. Dans les unités hautement spécialisées, ce qui fait la différence, c'est que le grain de sable est géré dans le temps de l'action immédiate. Et il peut l'être parce que les équipiers sont responsabilisés. Ils sont responsabilisés parce qu'ils ont compris l'esprit de la manœuvre. Cela veut dire qu'à leur niveau, ils ont une marge d'initiative que leur chef accepte de déléguer. Lors de l'assaut de l'Airbus à Marignane, en 1994[2], le gendarme qui conduit la passerelle avant-droite voit qu'elle n'est pas finement ajustée et qu'elle empêche l'ouverture parfaite de la porte de l'avion. Sans ordre, il prend l'initiative de reculer la passerelle de 10 centimètres ; s'il ne recule pas, l'opération est compromise. Cette initiative tient donc un rôle majeur dans la réussite générale. L'unité d'élite a cette capacité à gérer le grain de sable, qu'on appelle dans notre jargon « le cas non conforme ».

JLF : Le grain de sable, c'est le cas non conforme, anticipé ou pas, auquel nous devons nous adapter. Cela fait partie de notre ADN. Dans ces situations, la délégation accordée à chacun dans le cadre de l'action collective est un facteur clé de succès. Par exemple, un tireur de précision sait quand il doit tirer ou non sans parfois recevoir l'ordre d'ouverture du feu. En intervention, les grains de sable proviennent souvent des réactions pas toujours prévisibles de certains individus et peuvent faire basculer nos missions. Jusqu'au dernier moment, on n'est jamais sûr de ce que va faire l'autre. On

2. Le 24 décembre 1994, l'Airbus du vol Air France Alger-Paris est pris en otage par quatre terroristes du GIA sur l'aéroport d'Alger avec 200 passagers à bord. Dans la nuit du 25 au 26 décembre, l'avion est autorisé à décoller pour la France et se pose sur l'aéroport de Marseille-Marignane. En fin d'après-midi du 26 décembre, l'assaut est donné par le GIGN contre les terroristes. Au terme de cette opération sans équivalent, les passagers et les membres d'équipage sont libérés et les terroristes neutralisés. 10 gendarmes du GIGN seront blessés.

fait face à cette difficulté et on est entraîné pour cela. La réussite ou l'échec n'ont donc rien à voir avec la chance.

GF : En vous écoutant, je me demande si l'on peut établir un lien entre la crise et le fait d'être pris sous le feu. Être pris sous le feu, est-ce une crise ?

DF : Ce dont vous parlez, Guillaume, c'est le feu de l'action. Quand vous êtes sous le feu, ce n'est plus une crise. C'est l'homme face à lui-même qui réagit en fonction de ses capacités, de sa formation, de ses actes réflexes, de son sens de la mission. On n'est plus en crise, on est dans l'action. Et l'action, à ce niveau d'engagement, c'est une question de vie ou de mort. Ma confrontation la plus forte au feu, c'est à Marignane qu'elle s'est produite. C'est le feu qui tue. Il est à 2 mètres. Face au feu qui tue, on ne sait pas comment on va réagir tant qu'on n'y est pas confronté. Ce feu, c'est la vie ou la mort. Et donc, ce n'est plus vraiment une crise. C'est un stade au-delà de la crise, un stade supérieur.

JLF : Mes différents engagements sous le feu m'ont fait grandir en gestion de crise. Quel risque plus important que celui de perdre la vie ? Dans ces instants, les prises de décision sont une inépuisable source d'expérience pour les futures gestions de crise. Pour ma part, l'expérience acquise au feu m'a toujours servi pendant mon parcours professionnel, même si je ne suis plus confronté à ces risques. Enfin, je ne sais si mon avis diffère de celui de Denis, mais je pense que les capacités à la gestion de crise découlent aussi d'une appétence naturelle pour la prise de risques, renforcée par un travail plus personnel, notamment lors des retours d'expérience et des entraînements.

GF : Être confronté à ce feu mortel change-t-il la perception de la crise d'après ?

DF: Une fois qu'on y a été confronté, on voit les choses différemment. Il y a des personnes très solides physiquement qui ne pourront pas retourner sous le feu après l'avoir vécu. Il ne faut pas les en blâmer, car c'est très déstabilisant. *A contrario*, certains se révèlent face à l'imminence de la mort. Ils se montrent très stables, capables de décider, de rester lucides… Eux sont prêts à repartir. Pour moi, en tant que chef, ce que l'exposition au feu a changé, c'est que j'ai davantage encore pris en compte la dimension humaine de l'engagement. La préservation de la vie est essentielle. En prendre conscience amène à beaucoup plus de recul. Après, il faut rappeler que la confrontation à la mort, ce n'est pas le propre de toutes les crises, heureusement. On peut très bien gérer une crise, y compris de haute intensité, sans être exposé à la mort.

JLF: Ma première confrontation marquante avec le feu intervient en 1978, alors que deux malfaiteurs retiennent en otages deux femmes et un enfant dans un appartement de Boulogne-Billancourt. Les commissaires Leclerc et Broussard décident d'intervenir après plusieurs heures de vaines négociations. J'ai la chance de faire partie du groupe d'intervention. Dès l'ouverture de la porte, un des malfaiteurs, protégé par une des otages, nous tire dessus à deux reprises, obligeant mon coéquipier à le neutraliser. Lors du retour d'expérience, nous avons pris conscience que nos techniques de progression dans les appartements pouvaient être améliorées pour les interventions futures.

GF: Vous êtes-vous vus mourir à certains moments ?

JLF: Se voir mourir, c'est se préparer à mourir. Dans l'action, on est trop concentré pour y penser et le temps n'existe plus. Les retours d'expérience sont des moments privilégiés pour repenser et analyser ces instants où nos vies sont exposées. Pour ma part, j'ai été confronté à la mort brutale d'équipiers. Ce sont des expériences très difficiles, lors desquelles le collectif et les familles font bloc, ce qui nous permet de les surmonter.

DF : Je suis d'accord. Dans l'action, on ne pense pas à la mort. La peur que j'ai éprouvée lorsque c'était vraiment dangereux, ce n'était pas la peur de la mort. C'était la peur de l'échec. J'ai eu peur non pas de prendre des coups, mais de ne pas aller au bout de la mission.

GF : Dans vos métiers passés, vous étiez confrontés à la mort. Pourtant, quand une nouvelle crise survenait, vous y retourniez. Cela peut sembler paradoxal pour nombre de nos lecteurs.

DF : On y retourne parce que c'est notre engagement. Et puis, la nouvelle crise, on l'aborde comme une crise nouvelle. On ne sait jamais par anticipation ce que l'on va rencontrer. Aucune crise ne ressemble à une autre. Une crise chasse l'autre et l'on essaie toujours de trouver la meilleure solution. Les unités que nous avons commandées sont appelées sur les crises majeures en tant qu'ultime recours. Un pays peut s'écrouler sur une crise. Le politique se tourne donc aussi vers nous. Nous sommes le dernier rempart, en quelque sorte. Notre rôle, c'est de tenir et de présenter des options pour engager la désescalade.

GF : Diriez-vous que la confrontation à la crise est un stimulant ? Une adrénaline particulière ?

DF : Je dirais plutôt que ce qui nous motive, c'est le métier, c'est la vocation, c'est le sens de l'engagement, c'est la mission. On est dans le don de soi surtout. Qu'est-ce qui motive un jeune gendarme, un jeune policier, un jeune pompier, dont on sait que le niveau de rémunération n'est pas très élevé, à prendre autant de risques ? C'est de se mettre au service de la collectivité. C'est une notion très forte.

JLF : La crise n'est pas tant une adrénaline qu'un état d'esprit. Ne sachant quel serait mon avenir, par l'observation et par l'écoute, j'ai toujours senti que ma volonté et mon goût de l'action m'entraîneraient vers des métiers qui exigent le don de soi. Ma pugnacité, basée sur le travail, la motivation et le plaisir, m'a permis de trouver ma place au sein de ces groupes de policiers animés par le même idéal.

GF : Justement, à un moment donné, la lassitude ne s'installe-t-elle pas ? Ne finit-on pas par se dire que la gestion de crise, c'est comme le mythe de Sisyphe, et que l'on est condamné à repousser sans cesse le rocher ?

DF : On ne peut pas entrer dans une crise par routine. Il faut prendre la crise avec humilité, en partant du principe que l'on peut toujours être surpris. Et puis, les crises que l'on rencontre au cours d'une carrière sont de nature très différente et elles évoluent. À chaque fois, on en tire des enseignements qui nourrissent la gestion de la crise d'après. Par exemple, si je n'avais pas commandé le GIGN avant d'être directeur général de la Gendarmerie nationale, je n'aurais sans doute pas conduit les opérations de recherche des frères Kouachi[3] de la même manière. On évolue et on grandit avec la crise. Plus on acquiert de l'expérience, plus on sait gérer la crise dans sa globalité. Et puis on est animé par un sens du service qui fait qu'on ne peut pas se sentir lassé.

JLF : Généralement, nous ne nous lassons pas de repousser les rochers, car nous sommes toujours animés par cette volonté de trouver des solutions à des situations délicates. Le goût du défi et de la prise de décision face au risque est un moteur puissant. Être dans le dépassement de soi, c'est aussi savoir faire face à la crise. Et puis, disons-le, on n'est pas amené à gérer des crises par accident. On gagne ses galons au cours d'un long parcours.

3. Chérif et Saïd Kouachi sont les auteurs de la fusillade qui, le 7 janvier 2015 à Paris, a fait 12 morts dont 8 membres de la rédaction de l'hebdomadaire satirique *Charlie Hebdo*. Chérif Kouachi a revendiqué leur acte au nom d'AQPA (Al-Qaïda dans la péninsule arabique). Ils sont neutralisés le 9 janvier 2015 par le GIGN après s'être retranchés dans une imprimerie à Dammartin-en-Goële (Seine et Marne), au terme d'une vaste opération de recherche.

GF : À l'aune de vos quarante ans d'expérience, diriez-vous que les crises ont changé ?

DF : Ce qui me paraît marquant, c'est d'abord que la société accepte moins la déstabilisation. Elle est plus vulnérable et surréagit davantage. Ce qui change aussi, c'est le rapport au temps. L'immédiateté change tout. L'accélération de la transmission des données et des images avec les réseaux sociaux et les chaînes d'information en continu fait que le moindre incident peut devenir une crise. Le politique se tourne alors tout de suite vers les personnes à même d'y faire face et leur demande d'apporter une réponse très rapide. Ces constats sont aussi valables pour les entreprises, où les attentes de réponse rapide au moindre incident sont également très fortes.

JLF : Il faut rappeler ici que les agressions contre les entreprises se multiplient : les enlèvements de collaborateurs, les cyberattaques, le vol de données, la pandémie… Public comme privé ont pris en compte l'importance de se protéger de ces crises si différentes les unes des autres par leurs causes, leurs conséquences et leur complexité. Je note aussi que les prises de décision sont plus difficiles, car le principe de précaution est de plus en plus pesant et les exigences de conformité, d'éthique et de réputation de plus en plus contraignantes. Je suggère toujours aux décideurs d'organiser des plans de gestion de crise pour répondre à ces nouveaux défis. Des entraînements doivent absolument être réalisés également pour gagner en efficacité. Ce sont les seuls gages de progrès.

GF : Retrouvez-vous tout de même des constantes au cours des quarante dernières années ?

DF : Oui, sur certains fondamentaux, ce qui était valable il y a quarante ans le demeure aujourd'hui. Par exemple, les enjeux d'une bonne organisation de gestion de crise, la discipline, l'autorité et la capacité de décision restent des constantes. Ces éléments sont structurants et ils sont tout aussi centraux aujourd'hui qu'il y a quarante ans.

JLF : Le cadre de la gestion de crise basé sur l'organisation, la méthode et l'entraînement n'ont pas fondamentalement changé, contrairement aux types d'attaques dont le numérique devient le support principal. La conduite des opérations repose toujours sur le capital humain, notamment celui des émotions. Les visions cartésiennes sont souvent confrontées à celles motivées par les émotions, dont la connaissance dévoile des marges de progression extraordinaires. La gestion de crise ne s'apprend pas uniquement en stage, elle se pratique et nécessite d'accumuler un maximum d'expérience.

GF : Pour en venir à la crise de la Covid-19, quand fait-on appel à vous et que vous demande-t-on ?

DF : On fait appel à moi dès la mi-mars 2020, quand on entre dans le premier confinement. Partir d'une situation où tout le monde travaille au sein des murs de l'entreprise pour basculer vers une organisation où tout le monde travaille hors les murs a été un bouleversement considérable. Au printemps 2020, il n'y avait plus personne dans les entreprises. Il fallait gérer ce choc. Nous étions confrontés à une crise de dimension internationale, qui entraînait des problématiques de gestion des employés éloignés, de rapatriement, d'approvisionnement, etc. C'est dans ce contexte que j'ai pu apporter une expertise.

JLF : Le 16 mars 2020, dans un siège déserté, Antoine Frérot, PDG du groupe Veolia, me demande d'organiser le dispositif de crise avec quelques collaborateurs encore présents. Il me permet, en outre, de former tous les participants à la gestion de crise, en collaboration avec d'anciens militaires des forces spéciales. Chaque jour, avant toute réunion, nous érigeons en cellule de crise un mur virtuel avec les différentes qualités que nous avons sélectionnées :

l'humilité (« les ego restent à la porte de la salle »), le respect (« chaque individualité compte »), la contribution (« prière de ne pas subir »), la discipline (« ce qui est validé doit être appliqué »), la confrontation (« la remise en question des propositions ne remet pas en cause les compétences »), le collectif (« quel que soit notre niveau d'excellence, nous n'avons de valeur que par les autres »), la confiance mutuelle (« n'avoir aucun doute sur l'engagement de chacun à donner le meilleur sans compter »)... Ces formations et cette méthode nous ont aidés à traverser ces moments difficiles.

GF : Pour clore ce chapitre introductif, une question façon portrait chinois. Si, en tant que chef dans la crise, vous étiez une valeur, quelle serait-elle ?

JLF : Le courage est une valeur essentielle dans la prise de décision. En crise, les aléas sont tels que le chef, confronté à l'irrationnel, doit agir dans l'incertitude. Contrairement à la gestion des incidents qui relèvent du rationnel, celle des crises est plus complexe et oblige les dirigeants à prendre des risques. Il faut de la volonté, la même que celle du boxeur qui reçoit les coups, se relève et avance à nouveau. C'est une discipline de chaque jour, qui m'a permis d'avancer vers le but qui se dessinait autour de l'action. Le goût de l'effort m'a renforcé dans la culture de la gagne tout au long de ma vie.

DF : Je retiendrais une valeur humaine et une valeur morale. La valeur humaine qui est centrale pour moi, c'est la solidarité. Il n'y a pas de place pour les francs-tireurs lors de la gestion de crise. Celui qui part seul mener sa guerre est dangereux. La valeur morale, c'est la maîtrise de soi. Il ne faut pas s'emporter. On peut marcher à l'intuition, mais jamais à l'impulsion. En gestion de crise, il faut rester maître de soi. En cas de mauvaise nouvelle, on ne s'énerve pas. On reste concentré face à la crise. C'est déterminant.

PARTIE I

AVANT LA CRISE

Chapitre I

Se connaître

Guillaume FARDE (GF) : Ce premier chapitre est consacré à la connaissance de soi. Être en mesure de surmonter une crise implique, en premier lieu, de se connaître soi-même, presque au sens philosophique du terme. Avoir conscience de ses qualités, de son potentiel mais aussi de ses limites permet une certaine lucidité face à soi-même – lucidité qui est l'une des clés d'une gestion de crise réussie. Intitulé « Se connaître », ce chapitre d'ouverture est aussi l'occasion de mieux vous connaître, chers Denis Favier et Jean-Louis Fiamenghi, ce qui me conduit à ma toute première question : qui êtes-vous ?

Jean-Louis FIAMENGHI (JLF) : La connaissance de soi est effectivement l'une des clés de la réussite en gestion de crise. Pour répondre à la question, je dirais que la pugnacité est le trait de caractère qui me définit le mieux, ainsi que je l'ai indiqué dans le chapitre précédent. La pugnacité est un mélange de motivation et de persévérance.

GF : Diriez-vous que la pugnacité est innée chez vous ? Ou l'avez-vous travaillée ?

JLF : C'est un mélange des deux, elle relève à la fois de l'inné et de l'acquis. Je ne me suis jamais considéré comme étant doué dans un domaine en particulier, qu'il soit intellectuel ou physique. Mais grâce à ma curiosité, à ma soif de découvertes, j'ai toujours eu la volonté de me donner les moyens de renforcer mes performances, notamment en collectivité, pour tenter d'égaler les meilleurs. La pugnacité m'a servi de boussole, et le groupe a été un formidable moteur pour acquérir une culture de la gagne. Donc, à la question « Qui suis-je ? », je répondrais : quelqu'un de pugnace, de persévérant et, surtout, de passionné.

GF : Ce trait de caractère qui vous définit, quand l'identifiez-vous ? Dès l'enfance ?

JLF : Autant que je m'en souvienne, j'ai toujours eu le goût de découvrir des territoires inconnus, d'explorer les zones interdites par les adultes, de vérifier par exemple l'origine des bruits qui terrorisaient mes camarades à l'école. Cette curiosité a forgé mon expérience en reculant les limites imposées par les adultes. J'ai senti qu'il fallait oser pour avancer et faire preuve d'audace pour ne pas subir. Quand vous constatez que vous n'avez pas de réelles prédispositions naturelles, vous cherchez les moyens de vous surpasser et la volonté peut vous permettre d'atteindre vos objectifs. Il faut savoir entretenir la persévérance par la passion, par le jeu ou autrement. En osant, en avançant, en chutant puis en se relevant, on parvient à s'accomplir. Alors que je n'avais que 12 ans, mes parents étaient très angoissés à l'idée que je rejoigne l'école militaire de Tulle par le train de nuit en partance de Strasbourg. Pour ma part, l'idée d'avoir à me débrouiller tout seul me réjouissait !

GF : Et vous, Denis Favier, qui êtes-vous ?

Denis FAVIER (DF) : Il est toujours difficile de porter un regard sur soi-même, et je n'ai évidemment pas de vision complète sur la personne que je suis. Toutefois, je crois pouvoir me cerner par rapport à mes défauts et à mes qualités. Ce que je suis et ce que je suis devenu est ancré en moi depuis que je suis enfant. Dès ma plus tendre jeunesse, je suis orienté vers le service de mon pays. Mon père était sous-officier, puis officier, de l'armée de Terre. J'ai été baigné dans cet esprit de service du pays, du service des autres et de l'engagement. Les opérations m'ont toujours attiré. Aussi loin que je m'en souvienne, j'ai toujours voulu faire Saint-Cyr, et je me suis donné les moyens d'y parvenir. Ensuite, chacun a ses prédispositions personnelles. Pour ma part, je me sens à l'aise dans l'exercice des responsabilités. Enfant, j'en ai toujours eu, même modestes. Enfin, ce qui me définit, ce sont mes racines, profondément ancrées dans les territoires. Je suis un homme de la terre, de cette terre qui fait la France dans toute sa diversité. Cette terre, mes grands-parents la travaillaient de leurs mains dans le Jura. Cet attachement au travail et aux valeurs de la terre me définit dans une large mesure. Aussi bien du côté paternel que maternel, mes grands-parents étaient des gens simples, loyaux, sincères et travailleurs.

GF : Ces valeurs qui vous caractérisent, l'un et l'autre, diriez-vous qu'elles se transmettent ?

DF : Je ne cherche pas à transmettre quoi que ce soit au sens de donner des leçons. Il faut savoir rester humble. On ne peut pas dire à un subordonné ou à un collaborateur qu'il faut être comme ceci ou comme cela. Je crois plutôt que l'attitude que l'on développe en toutes circonstances peut avoir valeur d'exemple. Si chaque jour, on s'attache à avoir une posture fidèle à ses valeurs, certains peuvent y trouver une forme d'exemple à suivre. En somme, mon engagement a donné du sens à ma vie et ce sens est assez simple, en fin de compte. Je me suis placé au service de mon pays. Ma démarche est désintéressée. J'ai cherché, et je cherche toujours, à être utile. Avec le recul, je pense y être un peu parvenu.

GF : Et vous, Jean-Louis Fiamenghi ? Diriez-vous que ces valeurs se transmettent ? Dans votre cas, par exemple, avez-vous incité vos fils à développer les mêmes que vous ?

JLF : Je ne pense pas que l'on puisse passer son sac à quelqu'un. Les valeurs ne se transmettent pas comme ça, et encore moins par des injonctions. Je ne me vois pas dire à quelqu'un, *a fortiori* à mes fils : « Sois pugnace, arrête de fumer, fais du sport... » Comme Denis, je crois davantage en l'exemplarité. On donne le meilleur de soi et cela peut avoir valeur d'exemple pour l'entourage, qu'il soit professionnel ou familial. Ensuite, de même que Denis, je suis fils de sous-officier, à la différence près que je suis né au Maroc et que j'ai beaucoup vécu à l'étranger enfant. Je n'ai donc pas cet ancrage territorial très fort qui le caractérise. Je suis plus cosmopolite par certains aspects, et cela a développé chez moi une forme de curiosité dans le rapport à l'autre. Je me sens bien à l'étranger, notamment en Afrique. J'apprécie énormément les Africains, tout particulièrement pour leur instinct de vie. Je me suis toujours inspiré de leur joie de vivre, de leurs facultés d'adaptation, malgré la rudesse de leurs conditions de vie. L'éducation que m'a donnée mon père corse m'a aussi sensibilisé au sens de l'honneur propre aux sociétés attachées aux traditions. Enfin, en école militaire, j'ai appris les valeurs qui me caractérisent et qui peuvent inspirer, je l'espère, ceux qui travaillent à mes côtés.

GF : Si vous portez à présent un regard croisé l'un sur l'autre, qu'est-ce qui selon vous, Denis Favier, définirait Jean-Louis Fiamenghi ?

DF : Je rencontre Jean-Louis au sommet d'Évian, en Haute-Savoie, en 2003[4]. C'est la première fois où l'on travaille véritablement ensemble. Ce sommet est assez compliqué : de G8, il est devenu G30 et c'est la première grande rencontre internationale depuis les attentats du 11 septembre 2001. La France reçoit et il est impératif que cela se passe bien. Les enjeux sont énormes. Je suis alors commandant du groupement de Gendarmerie du département de la Haute-Savoie et Jean-Louis est l'adjoint au chef

4. Le sommet d'Évian (1er au 3 juin) est un sommet du G8 élargi à de nombreux autres pays. Il se tient cette année-là dans un contexte international tendu.

du RAID. Jean-Louis et moi travaillons main dans la main, en excellente collaboration. En fait, l'opposition police / gendarmerie est un peu réductrice. Nos maisons s'entendent bien quand il y a des défis communs à relever. À cet égard, quand je rencontre Jean-Louis, je retiens tout de suite son ouverture d'esprit. Je rencontre un commissaire de police très agréable, sympathique, ouvert et, surtout, imaginatif. Jean-Louis ne reste jamais statique par rapport à une situation. Il peut être non conventionnel et c'est une force. Enfin, je le trouve très compétent. Il n'y a pas de chasses gardées entre nous. Nous savons aller directement à l'efficacité, sans sujets tabous.

JLF : Ce qui, pour moi, caractérise Denis, c'est d'abord son humilité. C'est une valeur à laquelle je suis particulièrement sensible. Ensuite, son parcours force le respect. Alors qu'il commandait le GIGN, formidable groupe pour lequel j'ai toujours eu beaucoup de respect, la résolution de la crise de Marignane nous a tous marqués. Ce jour-là, j'ai ressenti une très forte émotion et une très grande fierté d'être Français. Je ne l'oublierai jamais. L'opposition RAID / GIGN mise en avant, voire exagérée par certains médias, est plutôt comparable à celle qui existe entre les équipes de sportifs de haut niveau, animés du même esprit de compétition. La notion d'appartenance est telle qu'il peut y avoir parfois de l'émulation, mais le souci de l'intérêt général est une ligne à ne jamais franchir.

GF : À présent que vous travaillez tous les deux en entreprise, vous arrive-t-il encore de vous appeler ? Êtes-vous toujours en lien l'un avec l'autre ?

JLF : Oui, bien sûr. Lors de la phase aiguë de la crise de la Covid, nos échanges étaient fréquents et la solidarité toujours présente. Nous partagions nos points de vue sur cette crise, car nous faisions face aux mêmes difficultés au même moment : collaborateurs bloqués à l'international, expatriés inquiets, approvisionnement en masques, etc. Au-delà du lien professionnel qui nous relie règne surtout une très grande confiance entre nous. Nos entretiens sont toujours francs et directs. C'est précieux.

DF : Il y a de la confiance, c'est certain. Et les rivalités institutionnelles ont disparu. Il ne reste que les deux hommes que nous sommes, présents l'un pour l'autre.

GF : Vous avez beaucoup insisté, l'un et l'autre, sur le caractère progressif de l'apprentissage de soi. Au fond, vous dites que vous avez appris sur vous-même tout au long de votre vie. Aussi, quand vous décidez pour l'un de devenir gendarme, pour l'autre de devenir policier, que savez-vous vraiment de vous-même à ce moment-là ?

DF : Je sais que j'ai envie de servir. Et je sais que j'ai envie de connaître les opérations. Au début des années 1980, lorsque je sors de Saint-Cyr, c'est encore l'époque de la Guerre froide et la France est moins engagée sur les théâtres extérieurs qu'aujourd'hui. Je vois dans la Gendarmerie nationale une bonne manière d'exprimer ma personnalité. Les opérations sont présentes au quotidien, quel que soit le poste que l'on occupe. Les postes de commandement sont assez nombreux, et cela m'a séduit. Enfin, l'ancrage territorial de la Gendarmerie a été déterminant pour moi. C'est avant tout une force de sécurité au service de la France des territoires, que je découvre durant ma formation à Saint-Cyr – une formation que j'ai beaucoup appréciée et qui m'a tant apporté. C'est ainsi que j'ai choisi la Gendarmerie et je n'ai jamais regretté ce choix.

JLF : En ce qui me concerne, je ne pensais pas devenir policier. Enfant, j'ai toujours baigné dans les valeurs militaires. Mon père souhaitait que je devienne officier de l'armée française, comme mon frère. Je me suis donc retrouvé à l'école militaire plus par choix paternel que par propre volonté. À cette époque, une carrière dans l'armée ne m'attirait pas vraiment car, contrairement à aujourd'hui, les armées étaient peu engagées dans les conflits internationaux. Je décide donc de quitter l'école militaire d'Aix-en-Provence, l'année du bac, au grand désespoir de mon père. À ce moment-là, je ne sais pas trop vers quoi m'orienter. Mon goût de l'action et des voyages me pousse à vouloir devenir « reporter de guerre ». Je voulais sillonner le monde et vivre des aventures. Par opportunité, je me présente au concours de l'ORTF pour devenir preneur de son et, un jour, dans le métro parisien, je croise par hasard un camarade que j'ai connu à Baden-Baden. Il me dit : « Jean-Louis, la police recrute des enquêteurs contractuels » et il me convainc de postuler. En 1972, la police ayant un besoin considérable d'enquêteurs, je réussis à l'intégrer. Que sais-je de moi-même à ce moment-là ? Pas grand-chose, mais je retrouve au sein de la Police nationale tout ce que j'aime : un collectif fort, des valeurs de fraternité, un sens de l'engagement, la prise de risques… Les interpellations procurent une adrénaline particulière. Je n'ai jamais regretté ce choix. La police est devenue ma vie.

GF : Aucun de vous ne dit regretter ses choix et chacun de vous dit s'être pleinement découvert (et même accompli !) dans son engagement au service de son pays. Pourquoi être parti travailler en entreprise dans ce cas ?

DF : Ce qui me motive, c'est l'action. L'action concrète. Pourquoi, après un parcours très rempli, ai-je rejoint l'entreprise ? Sans doute parce que je ne peux pas me satisfaire d'une vie casanière après avoir été dans l'action aussi longtemps. D'autre part, mon expertise peut être utile et, le monde de l'entreprise ayant des besoins, je me dis que j'ai encore des choses à apporter. C'est une autre aventure qui s'offre à moi et je pars la vivre.

JLF : Comme chef du RAID, certaines entreprises recherchent notre expérience. Personnellement, je n'ai jamais souhaité quitter l'administration, et encore moins les services que j'affectionne. Il faut bien reconnaître aussi qu'il est confortable d'être parfaitement identifié dans un environnement que l'on maîtrise, si bien que beaucoup redoutent de franchir le pas. En ce qui me concerne, en 2012, Michel Gaudin, préfet de police de Paris, est remplacé par Bernard Boucault. À cette époque, Manuel Valls, nouveau ministre de l'Intérieur, me propose de poursuivre ma carrière de préfet. Je lui fais part de mon intérêt pour le poste de préfet de Guyane en ce qu'il revêt une très forte dimension opérationnelle. Ce poste n'étant pas libre, il me propose de patienter. À la même période, Antoine Frérot, PDG du groupe Veolia, me demande des conseils techniques en vue de la création d'une direction de la Sûreté au sein de l'entreprise. À la suite de nos nombreux entretiens, il finit par me proposer de le rejoindre pour mettre en œuvre moi-même les préconisations que je lui formulais. En octobre 2012, j'accepte sa proposition et je me mets à son service.

GF : Que répondriez-vous aux personnes qui objecteraient que le travail en entreprise n'est pas compatible avec le service de la France ?

DF : Je mesure la demande de sûreté dans l'entreprise qui m'emploie. J'apporte, au quotidien, mon expertise et en cela, je contribue à son développement. Je n'ai donc pas d'angoisse métaphysique. Je sers différemment mais je continue à servir. De la même manière, je récuse l'expression « pantoufler ». Que signifie « pantoufler » quand on s'est engagé durant plusieurs dizaines d'années au service de son pays ? Par ailleurs, on n'affronte pas les enjeux de sécurité internationale auxquels nous sommes confrontés… en pantoufles. Enfin, j'ajoute que partir travailler en entreprise, c'est accepter la remise en question. On repart de zéro. On a été, certes, mais on n'est pas dans l'entreprise uniquement parce qu'on a été. Il faut démontrer ce dont on est capable dès le premier jour. C'est donc une nouvelle épreuve. Une épreuve d'humilité.

JLF : J'ai toujours pensé que le service de la France ne relevait pas uniquement du secteur public. Le monde de l'entreprise contribue au rayonnement du pays et le groupe Veolia sert la France. Ensuite, travailler dans le privé, c'est accepter individuellement une très forte remise en question, ainsi que l'a dit Denis. On arrive dans un univers qui a ses codes. Avoir été chef du RAID, c'est très bien, mais encore faut-il démontrer qu'on peut créer de la valeur ajoutée pour l'entreprise, sans quoi ses dirigeants vous rejettent rapidement. De nos jours, l'entreprise est dominée par les *cost-killers* et les emplois de confort ne résistent pas longtemps.

DF : Avoir été membre du RAID ou du GIGN est un atout qui peut servir lors du recrutement, il ne faut pas le nier. Mais une fois en poste, il faut montrer ce que l'on vaut.

GF : La connaissance de soi résulte, selon vous, d'un apprentissage qui se déroule tout au long de la vie. Je comprends aussi, en vous écoutant, que vous restez d'éternels apprentis, en quelque sorte : lorsque vous rejoignez le monde de l'entreprise, vous recommencez à zéro et vous continuez, en cela, à apprendre sur vous-mêmes. Dans ce processus de connaissance de soi, quelle place occupe la crise ? A-t-elle été ou est-elle un révélateur pour vous ?

DF : La crise est un formidable révélateur. Dans la gestion d'une crise, il n'y a pas de place pour l'imposture : on ne peut pas faire semblant, on ne peut pas mentir, on ne peut pas tricher. Les crises sont révélatrices de nos faiblesses éventuelles et de ce qu'il faut corriger. Elles en disent énormément sur ceux qui y sont confrontés, s'ils ont le courage de la débriefer sincèrement. De ce fait, il y a des enseignements à tirer de toutes les crises, que l'issue soit positive ou non.

JLF : Je pense avoir trouvé ma place dans les dispositifs de gestion de crise grâce à mes expériences et à ma personnalité. L'arrivée dans l'entreprise a cependant été un défi à relever tant les codes sont différents. Les premiers mois, il faut faire preuve d'une grande humilité face aux compétences entrepreneuriales des hommes et des femmes qui nous entourent. Il est vrai que notre aptitude au commandement et au management accroît notre capacité d'adaptation, mais avant qu'on nous confie la gestion des crises, nous sommes observés par ceux qui possèdent des compétences que nous n'avons pas, compétences propres au monde de l'entreprise et qu'il nous faut, à notre tour, développer.

GF: Avez-vous des exemples de crise qui vous ont élevés, presque au sens socratique du terme, dans la connaissance de vous-même?

DF: Oui, tout à fait. En 1992, je suis amené à intervenir à Moulins dans le cadre d'une prise d'otages en milieu carcéral. Cela se passe pendant l'été. Il faut préciser que cet été-là est très chaud et cela crée de la tension chez les détenus. Un soir de septembre, ceux-ci, particulièrement déterminés, s'emparent d'outils dans les ateliers et prennent en otage leurs surveillants, qu'ils retiennent dans une cellule. Toute une aile du bâtiment est bloquée. La négociation est difficile et après de longues heures, nous devons conduire un assaut compliqué avec usage des armes. C'est une crise lourde, durant laquelle je ne suis pas en pleine possession des capacités de commandant du GIGN. Je ne maîtrise pas encore toutes les facettes du métier. Si je me limite à un débriefing technique simple, la mission est remplie: les otages sont libérés, l'usage des armes est maîtrisé et on pourrait presque s'arrêter là. Mais il me faut aller plus loin et me livrer à une introspection pour analyser mon propre rôle. Avec le recul, je ne me juge pas très bon car je me rends bien compte que la crise m'a dominé. Elle a imprimé son propre rythme. J'ai été plus suiveur qu'acteur. Cela m'a appris ce principe simple que j'ai toujours appliqué depuis: lorsque la crise survient, il faut s'en emparer. Il faut s'en emparer physiquement: reprendre l'ascendant, inverser le rapport de force, donner du rythme. Sans quoi on subit, on prend les décisions à contretemps, ce qui augmente le risque d'en prendre de mauvaises.

GF : Vous dites qu'à Moulins, vous vous rendez pleinement compte qu'en situation de crise, il ne faut pas subir, mais prendre l'initiative. Or cette prise d'otages intervient un peu plus de deux ans avant celle de l'Airbus à Marignane, à Noël 1994. En quoi les enseignements que vous tirez de cet épisode sont-ils déterminants dans votre appréhension de la crise à Marignane ?

DF : S'emparer de la crise pour inverser le rapport de force et refuser que la crise nous dépasse, c'est selon moi, la clé de notre réussite à Marignane. Une crise a besoin de cadencement. Je l'ai compris à Moulins et je le mets en application à Marignane. Et je le mettrai encore en pratique après à plusieurs reprises. Lors de la libération des otages du Ponant[5] ou lors de l'opération de recherche des frères Kouachi, en janvier 2015, j'appliquerai ces mêmes principes.

JLF : Pour ma part, tous les échecs rencontrés lors de certaines affaires m'ont permis de progresser pour renforcer mon expérience. De façon plus générale, les retours d'expérience de toutes les unités spéciales, qu'elles soient de police, de gendarmerie ou des forces armées, ont permis de faire progresser l'ensemble des fonctionnaires des ministères dans les domaines de la formation, de l'entraînement et des techniques spécialisées. Au sein du réseau « Atlas », qui rassemble toutes les unités d'intervention des ministères de l'Intérieur d'Europe, nous partagions les bonnes pratiques de nos interventions. Échanger entre nous autour des expériences les plus difficiles nous a grandement fait progresser.

GF : La notion de mort semble très liée à la connaissance de soi à travers la crise. À cet égard, de nombreux mythes antiques laissent entendre qu'il faudrait mourir pour renaître et ainsi se connaître.

5. Le 4 avril 2008, le Ponant, voilier de croisière, est pris d'assaut à l'entrée du golfe d'Aden par une douzaine de pirates somaliens. Les 30 membres d'équipage sont retenus en otage. Ils seront libérés le 11 avril 2008 par une opération conjointe du GIGN et des commandos Marine.

La légende veut d'ailleurs qu'à la fin de sa vie, Empédocle se jette dans la lave en fusion de l'Etna. Selon vous, être confronté à la mort aide-t-il à mieux se connaître ?

JLF : Sans penser à la mort, et même si c'est un peu réducteur, la culture du dépassement physique que l'on s'impose dans les unités d'intervention permet de ressentir des valeurs qu'il est parfois difficile de simplement intellectualiser : l'humilité, la solidarité, le respect, l'audace, le courage, etc. La confrontation à la mort n'est pas l'angoisse de la mort. Lorsqu'on est dans l'action, il n'y a pas d'espace mental pour penser à la mort, et même si la peur peut être présente, elle ne nous freine pas. La mort est toujours tragique, surtout pour ceux qui survivent. Enfin, pour reprendre la parabole d'Empédocle, les membres d'une unité d'intervention comme le RAID ne prennent pas de risques inutiles. L'esprit de sacrifice n'est ni l'inconscience ni la mise en danger du collectif.

DF : Dans nos métiers, la confrontation à la mort est, hélas, trop fréquente et elle est toujours terrible. Cela m'a forcément marqué et nous amène à replacer l'homme au cœur de tout ce que l'on fait. Pour le dire en des termes plus philosophiques, l'homme est la mesure de toute chose, pour reprendre la formule de Platon. Lorsqu'un militaire meurt en opération, on pense nécessairement à sa famille et à ses enfants, devenus orphelins, que l'on va accompagner. Comment ne pas être sensible à cela ? Ces circonstances nous rappellent surtout que les opérations, y compris les plus complexes et les plus périlleuses, sont menées par des hommes. Ce ne sont pas des robots qui conduisent les opérations. Ce sont des êtres de chair et de sang, qui exposent leur vie. Ils existent. Ils acceptent le prix de leur engagement et c'est la raison pour laquelle ce facteur humain doit être fortement pris en compte. Par ailleurs, le « Connais-toi toi-même » socratique, c'est aussi l'apprentissage d'une vérité. La première des vérités socratiques est de savoir qu'on ne sait rien. Cette vérité s'applique pleinement à la gestion de crise. À la fin de chaque crise, en réalité, on ne sait rien.

Il faut tout remettre en question pour être en mesure de repartir sur d'autres bases. Héraclite disait qu'on ne se baigne jamais deux fois dans le même fleuve. Pour la crise, c'est la même chose. Il faut appréhender chacune d'entre elles comme étant à chaque fois tout à fait nouvelle.

JLF : Il faut toujours reconnaître la vérité et avoir le courage de débriefer pour capitaliser sur nos expériences, y compris celles qui sont négatives. Dans les unités d'intervention, le doute est toujours présent mais, une fois la tenue revêtue, on passe à l'action. La combinaison noire fait partie de notre rituel et renforce notre mental. Dans l'action, il n'y a plus de place pour le doute.

GF : Vous est-il arrivé de douter de vos capacités ? Dans quelles circonstances ?

DF : Bien sûr qu'il m'est arrivé de douter. Cela arrive en opération et cela arrive également dans la gestion de crise de moindre intensité. Le doute est sain. Il ne faut pas en avoir peur. Celui qui prend la décision la prend sur la base d'une analyse portée par toute la cellule de crise. Il est tout à fait naturel de questionner un choix tactique ou un mode d'intervention et de partager cette interrogation. Il ne faut toutefois pas confondre le doute avec la peur. La peur paralyse le processus de décision, tandis que le doute l'aide à aboutir. Lors de phases offensives, il peut aussi y avoir des doutes. À Marignane, lorsque l'assaut dure 17 minutes 52 secondes, on peut se dire qu'on est en échec. Personnellement, lorsque je vois au bout de quelques minutes qu'il n'y a plus d'otages derrière nous et qu'on n'avance plus, j'ai des doutes. Or, en réalité, un assaut, cela peut être très long. Il faut accepter cette part de doute et aller jusqu'au bout.

JLF : Le doute peut modifier notre comportement, mais il est sain également. À titre individuel, il m'est arrivé de douter lors de prises d'otages, et mes chefs de l'époque m'ont toujours aidé à surmonter ces émotions. En brigade anti-commando, avec certains autres collègues, j'étais souvent volontaire pour intégrer les groupes d'assaut lorsqu'il fallait libérer des otages. Or, lorsqu'on ouvre une porte pour neutraliser un preneur d'otages, tout peut basculer en fonction des réactions des uns et des autres. La confrontation à la mort est très forte. Lors de ce type d'intervention, on peut se connaître soi-même, mais on ne connaît jamais celui que l'on interpelle, et cette incertitude quant au déroulé d'une action fait que le doute peut être présent. Nos procédures et nos entraînements nous offrent cependant un maximum de sécurité et nous nous y raccrochons.

DF : Lors d'une intervention, le moment entre le « Top action », le déclenchement de l'opération, et l'arrivée des premiers comptes rendus peut durer quelques dizaines de secondes, parfois plusieurs minutes. Ces moments sont extrêmement stressants.

GF : Avez-vous rencontré, dans vos carrières respectives, des personnes qui croyaient se connaître avant une crise et qui ont été confrontées à l'échec parce qu'elles se connaissaient finalement assez mal ?

DF : En situation de crise, que ce soit dans la sphère politique ou en entreprise, on interagit avec des autorités, avec une hiérarchie. Au cours de ma carrière, sur ce sujet de l'échec en gestion de crise, j'ai rencontré deux catégories d'interlocuteurs. Il y a ceux qui sont paralysés et qui, par conséquent, sont incapables de prendre une décision. La crise peut précisément révéler ce genre d'inaptitude. Dans ce cas, l'autorité s'en remet souvent au chef opérationnel. Ce qui veut dire aussi qu'en cas d'échec, ce dernier en porte l'entière responsabilité. Il y a aussi le calculateur, qui confond ses intérêts personnels avec l'intérêt général. Toute la crise sera alors gérée selon une vision personnelle de la balance avantages / risques. Dans ces cas-là, il faut savoir prendre la main en souplesse.

JLF : Lorsqu'on gère une crise, on ne gère pas qu'un « adversaire ». On doit aussi prendre en compte tout notre environnement, y compris notre équipe et notre hiérarchie. La prise de décision doit être comprise par tous. Si les explications ne sont pas acceptées après une argumentation posée, il ne faut pas hésiter à écarter certains sans les froisser. Au cours de ma carrière, avant certaines interventions, j'ai dû parfois m'affirmer face à des comportements trop laxistes ou trop autoritaires de la part de préfets et de procureurs. Le temps étant compté, il nous fallait faire preuve d'une certaine autorité pour emporter leur adhésion. Cette autorité est fondamentale en gestion de crise.

DF : Cette question interroge la responsabilité des chefs. Le chef d'une unité d'intervention assume seul l'échec, surtout en cas de problème dans une situation tendue. Corollairement, cela signifie que, face à une autorité paralysée par la nature des événements, on a la légitimité suffisante pour imprimer sa marque et prendre la crise en main. Parallèlement, en opération, dans les phases d'exécution, certains opérateurs vont passer à côté de leur intervention parce qu'ils ne sont pas au mieux de leur capacité ce jour-là. À l'inverse, d'autres opérateurs vont se révéler d'une très grande stabilité face à la crise.

GF : Justement, avez-vous rencontré des personnes dont la personnalité s'est complètement révélée au cours d'une crise ? Ou après une crise ?

JLF : Par le passé, les tests pour entrer au RAID n'étaient pas aussi aboutis qu'aujourd'hui concernant la personnalité et la psychologie. Il a ainsi pu arriver que des opérateurs qui avaient de fortes capacités physiques s'avèrent plus faibles d'un point de vue mental. Inversement, d'autres opérateurs se révèlent complètement lors des crises et progressent. On en revient au « Connais-toi toi-même ». La crise est un révélateur, pour le meilleur comme pour le pire. Aujourd'hui, les tests de sélection ont évolué et restreignent les risques d'erreur de recrutement.

DF: En gestion de crise, on se trouve tout à la fois face à des autorités et face à des pairs. Il y a effectivement des gens qui se révèlent très positivement, le plus souvent à la faveur d'une posture d'humilité. D'abord, ils vont demander l'avis des spécialistes. Ensuite, ils sont capables de décider et d'assumer leurs choix. Enfin, ils font confiance. Lorsque j'ai eu à travailler auprès de Bernard Cazeneuve alors qu'il était ministre de l'Intérieur, j'ai pu le mesurer. Lorsqu'il s'agit de la conduite des opérations, il n'ordonne surtout pas qu'on passe à droite ou à gauche; il demande que les experts que nous sommes lui proposent un chemin. Certaines personnes se révèlent donc face à l'adversité, notamment parce qu'elles gardent leur calme quand tout le monde le perd. La crise est donc aussi un révélateur positif. En entreprise, c'est pareil. On y trouve des personnes calmes et posées, qui écoutent les conseils des spécialistes en la matière.

JLF: Dans le monde de l'entreprise, je rencontre de nombreux managers compétents, mais il manque à certains cette part d'humilité indispensable au management et donc à une bonne gestion d'une crise. Il faut être capable d'admettre qu'on n'est pas bon partout et savoir faire appel à des compétences complémentaires aux siennes, sans oublier de remercier ceux qui nous ont aidés. Le manager qui s'entoure bien, généralement, réussit. La difficulté est plutôt du côté de celui qui ne doute pas.

DF: Si l'on veut que la gestion de crise fonctionne, en salle de crise, il faut une discipline de fer, une organisation et de la méthode. Il faut aussi de l'autorité. La question de l'autorité n'est pas toujours comprise, alors qu'elle est essentielle. Quand on occupe la fonction de directeur de la Sûreté et que notre premier métier a été un métier d'ordre, nous sommes souvent appelés pour apporter de l'autorité dans la gestion de la crise.

GF : Quel conseil donneriez-vous à un jeune manager, qu'il appartienne au secteur public ou au secteur privé, pour progresser dans la connaissance de lui-même ?

JLF : Les premiers conseils sont de cultiver l'exemplarité, la proximité, l'écoute et l'humilité tout au long de sa vie professionnelle. La gestion de crise réussie repose aussi sur le plaisir de travailler ensemble en se préparant par temps calme. Lorsque surgissent les problèmes, l'incertitude et le stress, l'adhésion de tous est indispensable et cela se travaille en amont. Le mental et la méthode sont les deux clés de la réussite.

DF : Je dirais à ce manager d'être très humble par rapport aux éléments déstabilisants. Je lui dirais aussi d'aborder les événements avec honnêteté. Il ne faut pas redouter de dire qu'on ne se sait pas. Ensuite, je lui recommanderais de veiller à la stabilité de ses émotions. Un manager ne peut pas surréagir ni s'emporter face à la crise. En dernier lieu, je lui conseillerais de s'engager et de s'emparer de la crise pleinement, sans arrière-pensées ni calculs.

GF : Pour finir, revenons-en à vous. Après quarante années face aux crises, diriez-vous que vous vous connaissez enfin ?

JLF : Oui, sur les fondamentaux. Je connais mes fragilités. La nuance que j'y apporte, c'est que demain, je peux très bien être confronté à une nouvelle crise et devoir m'adapter à nouveau. Si, en vieillissant, la connaissance de soi n'est jamais pleinement achevée, je pense pour autant mieux me connaître aujourd'hui.

DF : Des paramètres constants demeurent, mais on évolue. Je connais sans doute un peu mieux mes points faibles que par le passé et je peux plus facilement les corriger. Par exemple, je suis parfois un peu rapide et exigeant. Il faut savoir s'accommoder du fait que d'autres ne fonctionnent pas sur les mêmes bases. Je sais devoir y être attentif. Dans tous les cas, ma posture n'est pas figée, et je ne suis pas certain d'être le même dans dix ans. Des fondamentaux perdureront, mais j'aurai probablement encore évolué.

GF : Qu'avez-vous encore à découvrir sur vous-même ?

DF : On ne sait pas ce que sera la prochaine crise. Il reste encore bien des choses à vivre. Mais il ne faudrait pas en déduire qu'en dehors de la crise, je ne vis pas. J'aspire aussi à une forme d'apaisement, d'équilibre et de sérénité. J'ai grandi avec les crises, mais je peux vivre aussi sans elles !

JLF : Je ne sais pas de quoi l'avenir sera fait. Il faut se laisser surprendre. Le sens de la vie pour moi, c'est de faire. Il ne faut pas s'arrêter de faire. Je compte bien rester en mouvement !

Chapitre II

Se préparer

Guillaume FARDE (GF) : Ce deuxième chapitre est consacré au travail sur soi. La bonne gestion de crise repose sur les capacités de résistance physique et psychique de ceux qui y sont confrontés. Elle implique un certain état général de forme physique et, plus largement, une discipline personnelle. La préparation de la crise ne se résume toutefois ni à un entraînement physique ni à une routine personnelle. Elle répond, le plus souvent, à une procédure normée et nécessite la réalisation d'exercices collectifs.

Pour débuter ce chapitre, je voudrais remonter à votre formation en école militaire pour essayer de déterminer en quoi elle a contribué à votre propre préparation à la gestion de crise. Considérez-vous, à cet égard, que l'enseignement reçu en école militaire est le point de départ de votre préparation à la gestion de crise ?

Jean-Louis FIAMENGHI (JLF) : Je considère qu'il y a des qualités personnelles qui nous conduisent vers la gestion de crise. Par exemple, savoir accepter et aimer l'incertitude, faire preuve de curiosité, avoir le goût de l'action et ressentir une envie permanente d'apprendre. Mon éducation familiale et en école militaire a fait partie de cette préparation à la gestion de crise. L'école militaire m'a surtout donné un cadre qui m'a évité d'être entraîné vers des univers moins fréquentables. Ces principes d'éducation ont contribué à mon équilibre face aux facteurs déstabilisants des crises.

GF : On pourrait donc répondre par l'affirmative. En école militaire, on vous prépare à la crise.

JLF : À 12 ans ou même à 15 ans ou à 16 ans, on ne sait pas encore ce qu'est une crise ou, plus exactement, on ne sait pas si nous en serons plus tard les acteurs. On ne s'y prépare donc pas consciemment, mais on évolue dans un cadre qui, le moment venu, facilitera la gestion de crise notamment par la discipline, le goût du travail en groupe, le dépassement de soi par la pratique sportive, etc. Sans en avoir pleinement conscience à cette époque, je me préparais, par mon goût du risque, à affronter des crises. Mais aucun ancien enfant de troupe n'est devenu gestionnaire de crise sans avoir développé d'autres talents personnels.

GF : En école militaire, il y a aussi des routines telles que se lever à heures fixes, faire son lit, se coucher à l'heure dite... Reste-t-il quelque chose de ces routines quarante ans plus tard, quand on a à gérer des crises ?

JLF : La discipline, je dirais même les rituels, sont structurants et grâce à ma formation chez les enfants de troupe, j'ai pu corriger mon côté rebelle, à la limite parfois de l'indiscipline. Être commandé pour commander ensuite reste très formateur. Dire que la liberté de chacun commence où s'arrête celle des autres prend tout son sens lorsqu'on vit en groupe du matin au soir. À cette époque, je découvre ce qu'est la force d'un groupe soudé, et cette expérience me sera essentielle dans l'animation des cellules de crise. Plus généralement, la formation militaire reçue enfant m'aide à résister à la dureté de la vie d'adulte.

GF : Et vous, Denis Favier, diriez-vous que la préparation à la crise repose sur une solide préparation physique ?

Denis Favier (DF) : En premier lieu, je tiens à distinguer la gestion de crise des opérations, en particulier celle que l'on connaît dans les unités d'intervention. Les opérations nécessitent des gens particulièrement entraînés, sur un plan physique notamment. La gestion de crise fait appel à une autre forme de préparation. En deuxième lieu, je relie la gestion de crise à la question de la maîtrise du temps. Il existe des crises à cinétique rapide, tandis que d'autres s'inscrivent dans la durée. Dans les deux cas, il y a un lien avec le physique. La crise à cinétique rapide sollicite un effort soutenu et immédiat. La crise prolongée sollicite davantage des capacités d'endurance. Il s'agit de résister à la fatigue physique et nerveuse, de pouvoir faire face à la pression et de conserver sa lucidité. Par conséquent, être en forme compte.

GF : Mais quand prenez-vous conscience qu'une crise, cela se prépare ?

DF : Dans mon cas personnel, cette prise de conscience est déconnectée de la formation en école. Elle est un peu plus tardive. Elle arrive dans le courant du métier. J'entre dans la gestion de crise par les opérations, car elles confrontent à des défis qu'il faut relever et qui nécessitent de l'anticipation. Cela implique par conséquent de se préparer en amont, ce qui passe par l'entraînement, un entraînement qui comporte trois axes principaux : techniques, tactiques et physiques. Dans les opérations spéciales, ce qui fait la différence, c'est parfois aussi le choc et la prise d'ascendant, qui passent par une dimension physique et psychologique, ce qui n'est possible que par un entraînement poussé. Cette nécessité de s'entraîner physiquement, je ne l'ai ressentie que dans le cours du métier. Quand j'ai 15 ans et que je suis en classe de seconde en lycée militaire, je ne mesure pas cela parce que c'est encore assez lointain. Mais je suis dans un moule qui me permettra indirectement de mieux aborder certaines opérations quinze ans plus tard. J'ajouterai aussi que le lycée militaire inculque le goût de l'action et celui du sport. Le sport m'a permis de me dépasser, de chercher mes limites, d'aller plus loin, toujours plus loin.

GF : La préparation de la crise, et plus encore l'entraînement, sont généralement associés à la pratique du sport. Cette association vous paraît-elle pertinente ?

DF : Il ne faut jamais perdre de vue la distinction essentielle qui existe, à mes yeux, entre la gestion de crise et la conduite d'opérations. Si on s'adresse à un cadre dirigeant d'entreprise, le sport n'est pas déterminant pour bien gérer une crise, et il est tout à fait possible d'y faire convenablement face sans pratiquer aucun sport. Le sport donne la possibilité, bien sûr, de trouver un équilibre personnel qui permet de mieux aborder les crises, mais cela n'est pas suffisant. Pour les unités qui conduisent les opérations, la bonne condition physique est un prérequis. Cela se comprend aisément eu égard au niveau d'engagement. Cela n'exclut pas toutefois d'autres critères bien plus essentiels tels que la maîtrise des techniques et des schémas tactiques, ou encore le bon équilibre psychique, auquel la pratique du sport peut d'ailleurs contribuer.

JLF : Être en forme physiquement n'est pas l'apanage des unités d'intervention. La bonne condition physique fait partie intégrante des facultés dont nous devons disposer à tout moment de la vie pour affronter l'adversité. Le sport est un formidable moyen pour s'exprimer, même s'il y a toujours des exceptions.

GF : À qui faites-vous allusion ?

JLF : À Winston Churchill, grand gestionnaire de crise, qui ironisait à ce sujet par sa célèbre formule : « *No sport.* » Entretenir sa forme physique est impératif, car cela participe d'une discipline quotidienne dont les effets se mesurent aussi en gestion de crise. D'autre part, face à la fatigue et au stress, une bonne forme physique aide à maintenir ses capacités d'analyse. Enfin, la pratique du sport individuel, mais surtout collectif révèle les comportements humains. Cela m'a permis d'évaluer le rapport des individus à la cohésion, au groupe et à l'esprit de compétition. En école militaire, je me souviens que nos instructeurs conditionnaient nos permissions de sortie à nos succès en compétition sportive. C'était redoutablement efficace !

GF : La publicité contemporaine propose de nombreuses images de cadres d'entreprise, hommes comme femmes, en posture dynamique et conquérante. Pour accentuer cette impression de dynamisme et de combativité, deux sports individuels sont souvent mis en exergue : la course à pied et la boxe. La pratique de l'un et/ou de l'autre constitue-t-elle, selon vous, un avantage pour gérer une crise ?

DF : La gestion de crise en entreprise requiert, avant tout, l'élaboration de schémas, la maîtrise d'une méthode, l'installation de salles dédiées, la réalisation d'exercices, etc. Cela n'a pas grand-chose à voir avec la course à pied ou la boxe. La pratique du sport peut conférer certaines aptitudes physiques et psychologiques. La nuance est que des personnes qui ne font ni course à pied, ni boxe, ni, de manière générale, aucun autre sport sont tout à fait capables de gérer une crise. Me concernant, parvenir au niveau de stabilité émotionnelle et physique requis pour bien gérer une crise passe par le sport. La course à pied permet d'entretenir le foncier, si je puis dire, et d'acquérir une résistance. C'est utile en situation de crise. Quant à la boxe, elle apprend la maîtrise de la puissance, la capacité à recevoir des coups et la gestion de ses émotions. Elle apprend aussi à ne pas surréagir et à surmonter un contretemps. En ce sens, les apports de ce sport ne sont pas négligeables. Ceci dit, certains parviennent à ce niveau de stabilité émotionnelle en pratiquant d'autres sports.

JLF : Le sport, qu'il soit individuel ou collectif, est essentiel, bien sûr. La pratique du sport dès le plus jeune âge m'a donné certaines armes utiles à mon parcours professionnel. Les valeurs sportives se rapprochent tout de même beaucoup de celles qu'on attend d'un bon gestionnaire de crise : maîtrise de soi et de ses émotions, capacité à la résilience, audace, courage, etc. Quant à la boxe, comme tous les autres sports de combat, elle est un apprentissage de la douleur. Sur le ring, tout le monde reçoit des coups. Dans mon cas personnel, pratiquer la boxe m'a appris à toujours aller jusqu'au bout et à puiser dans mes réserves. En situation de crise, cela m'a permis de faire la différence et surtout de développer ma résilience.

GF : Au-delà de la pratique de sports individuels, quel intérêt voyez-vous à ce que les membres d'une même équipe pratiquent le sport ensemble, notamment au sein des entreprises ?

DF : C'est le principe même du *team building*. Parmi les facteurs clés de succès en gestion de crise figure la connaissance mutuelle des membres de la cellule de crise. Pratiquer le sport ensemble est une excellente manière de se découvrir et de se rapprocher. Lors de la préparation du sommet d'Évian, en 2003, nous étions quelques-uns à nous retrouver de bonne heure le matin pour courir. Les jours passant, notre groupe de coureurs s'est étoffé et, à la fin, nous étions très nombreux à courir ensemble, ce qui cultive la confiance et crée une dynamique collective. C'est indéniable.

JLF : Les valeurs véhiculées par le sport sont très saines. Le pratiquer en groupe, c'est fédérer le collectif autour de valeurs qui permettent un surcroît d'efficacité en situation de crise. Si le sport ne peut être pratiqué par tous les membres de leur équipe, les managers doivent adapter les activités pour inclure un maximum de participants. Pendant ma jeunesse, le général Massu, qui commandait les Forces françaises à Baden-Baden en Allemagne, proposait à toutes les familles des militaires français de faire une randonnée pédestre chaque jeudi matin. Je me souviens avec bonheur de ces moments où nous partions tous ensemble, parents, enfants et amis, arpenter les chemins de la Forêt noire.

GF : La préparation de la crise, vous l'avez rappelé tous les deux, ne se limite pas à la pratique du sport. Loin de là. Pouvez-vous nous dire par quoi passe cette préparation, selon vous, notamment en entreprise ?

JLF : Nous sommes dans un monde d'incertitudes. La préparation, c'est d'abord une méthode avec un cadre méthodologique partagé par tous. Une fois ce cadre posé, il faut s'exercer pour acquérir des automatismes. Le général de Villiers dit de l'entraînement qu'il parvient « à donner à l'acquis les caractéristiques de l'inné ». Je partage cette vision. Chacun doit s'entraîner à être le meilleur dans sa spécialité, puis s'exercer à travailler avec les autres membres de la cellule de crise. La réalisation régulière d'exercices de simulation de crise permet de capitaliser de l'expérience. D'autre part, il faut constamment partager ce qui a plus ou moins bien fonctionné, adapter les procédures en conséquence et s'exercer à nouveau. La préparation à la crise est un cycle perpétuel. Enfin, la place du chef est centrale pour guider l'ensemble du groupe vers le même objectif. Les cours de psychologie devraient être obligatoires pour les futurs managers, car ils livrent beaucoup de clés indispensables pour avancer dans un monde de plus en plus concurrentiel. Selon moi, celui qui a été commandé avant de commander sait mieux faire la différence entre l'autorité et l'autoritarisme. La capacité de commandement du chef étant déterminante en situation de crise, il lui faut s'entraîner à commander le plus en amont possible. En cela, la réalisation régulière d'exercices est essentielle.

DF : Pour moi, il y a trois volets dans la préparation. Les deux premiers sont communs à l'entreprise et aux unités spécialisées, tandis que le troisième est plus propre à ces dernières. Le premier volet, c'est le travail sur le collectif. Il doit intervenir très en amont. On ne peut pas gérer une crise sans connaître au préalable ceux qui vont l'affronter avec vous. Il faut souvent sélectionner par temps calme les personnes qui vont occuper tel ou tel poste dans la salle de crise. Il faut connaître les talents individuels et les fédérer autour d'une dynamique collective. D'ailleurs, ce collectif vit en dehors de la crise et il faut le souder à travers de petits événements de cohésion. Si ce travail de cohésion n'a pas été réalisé au préalable, la gestion de la crise sera nécessairement plus difficile. Enfin, ce collectif repose sur la notion de confiance et cela passe souvent par l'entraînement conjoint. Cela nécessite de passer du temps ensemble, bien en amont. Le deuxième volet, c'est l'entraînement. L'adage militaire qui dit « Entraînement difficile, guerre facile » relève du bon sens. Il faut s'entraîner pour ne pas être déstabilisé, pour explorer des champs nouveaux et pour augmenter sa résistance au stress, à la fatigue et aux tensions. L'entraînement doit être régulier et aller très loin – et c'est pleinement valable en entreprise –, car c'est une simulation. Il faut imaginer des scénarios audacieux, ceux qui seraient les plus redoutables s'ils venaient à se réaliser, et s'entraîner sérieusement à les affronter. Il ne faut pas hésiter à faire des exercices les plus réalistes possibles, sur les cas les plus complexes, y compris dans la durée. L'entraînement sur des scénarios compliqués permet de tester la cohésion de l'équipe, de voir si ses membres interagissent bien, et d'optimiser les réactions le jour J. Le dernier volet, enfin, concerne plus particulièrement les unités spécialisées, où l'entraînement participe de l'apprentissage collectif de ses limites. Lorsqu'on s'exerce au tir à balles réelles, l'exposition au risque est incontournable, mais elle est nécessaire. Cette prise de risque calculée permet le tutoiement de la réalité et le dépassement des limites. C'est la seule façon de se préparer à affronter la crise de haute intensité.

GF : Quelle différence faites-vous entre le retour d'expérience à proprement parler et la préparation de la crise ?

DF : Le retour d'expérience est un élément essentiel de la préparation mais la préparation ne se limite pas au retour d'expérience. Celui-ci passe d'abord par le débriefing des opérations que l'on vient de conduire. Il faut le mener avec beaucoup de sérieux, de courage et d'honnêteté. Le débriefing doit toujours s'intéresser aux raisons qui font qu'une opération aurait pu échouer. À cette occasion, chacun est mis à nu, quel que soit son rang. Ce n'est pas forcément confortable. L'autre élément du retour d'expérience est le *benchmark*. Il faut regarder ce qui se passe ailleurs. En entreprise, lors de la crise de la Covid, j'ai échangé avec mes homologues de France et de l'étranger. De la même manière, dans les unités d'intervention, on observe ce qui se déroule à l'étranger et comment tel pays ou telle unité gère des situations difficiles. On s'interroge ensuite sur la façon la plus adaptée d'y faire face, et la préparation prend le relais du retour d'expérience. La réflexion sur l'adaptation des méthodes et des techniques ne relève plus de ce dernier mais bien de la préparation. Quand les Russes font face à une prise d'otages de masse dans un théâtre de Moscou en 2002, le GIGN étudie cette opération, la décortique et se demande comment il l'aurait gérée. Il s'adapte ensuite en faisant évoluer ses modes opératoires et les teste à l'entraînement. De même, les attentats multi-sites perpétrés à Bombay en 2008 ont été analysés de très près en France et ont contribué à adapter notre réponse nationale face à ce type de crise.

JLF : En gestion de crise, la méthode doit être structurée en trois temps : avant, pendant et après. D'abord la préparation – qui inclut l'organisation, les procédures et les entraînements –, ensuite la gestion de la crise à proprement parler et, enfin, l'analyse de la situation avec les retours d'expérience, de nouveaux exercices et ainsi de suite. Les marges de progression apparaissent lors de ce retour d'expérience, surtout en cas d'échec. Oscar Wilde disait que l'expérience est l'autre nom que l'on donne à ses erreurs ! En entreprise, les retours d'expérience ne sont pas aussi valorisés que dans les unités d'intervention et c'est dommage.

GF : Votre insistance sur l'expérience démontre que la gestion de crise ne s'apprend pas de façon théorique, mais en pratique. Il n'y a donc pas de manuels, mais il y a une méthode. En situation de crise, la tentation naturelle consiste alors à dérouler cette méthode pour minimiser la prise de risques. Comment peut-on faire, selon vous, pour ne pas en être prisonnier?

JLF: Il faut le marteler sans cesse: tout repose sur une méthode prenant en compte une organisation qui s'appuie sur des process qu'il faut sans cesse ritualiser puis pratiquer avec ses équipes de façon simple et régulière. Notre mission, en entreprise, consiste à minimiser les risques, mais aussi à développer le courage individuel et collectif face à la prise de décision dans les moments d'incertitude. Le manager est un chef d'orchestre qui connaît la différence entre la stratégie et la tactique tout en restant agile. Il y parvient d'autant mieux lorsque le collectif adhère à ses décisions en lui faisant confiance. La difficulté réside dans cette alchimie face à l'incertitude, où le chef doit suivre sa stratégie en adaptant la tactique aux événements tout en favorisant l'intuition.

DF: En entreprise, la gestion de crise est normée. Il y a des plans. C'est absolument nécessaire et cela participe de la préparation. Corollairement, le danger consiste à croire que, face à une crise, il suffit d'ouvrir le tiroir, de sortir le plan correspondant et de l'appliquer très scrupuleusement pour s'en sortir. Gérer une crise à partir de la seule lecture d'un manuel, c'est aller à la catastrophe.

GF: C'est tout de même difficile de s'affranchir de la méthode.

DF: C'est un esprit. La gestion de crise ne doit pas être un exercice trop standardisé. Il faut de l'humanité et du métier. Il faut sentir que, dans certaines situations, il est nécessaire de prendre de la liberté par rapport au manuel. Celui-ci est un guide qui ne doit ni cadenasser la réflexion ni brider les initiatives. L'appréciation de la situation doit primer. Il faut un peu d'expérience et, à cet égard, comme le disait Jean-Louis, le rôle du chef est déterminant.

JLF: La procédure est structurante, mais les interactions sont incontournables. J'apprécie particulièrement les tests de personnalité du MBTI[6], très pratiqués chez Veolia. Ils sont un bon révélateur des individualités et la carte des talents qui en ressort est un outil utile en management. Le chef doit encourager l'esprit d'imagination, d'innovation dont certains sont porteurs. En situation de crise, certains salariés savent intuitivement s'extraire du cadre. Dans ces cas-là, au lieu de les brider, le manager doit prendre en compte leur part d'imagination et de créativité.

GF : Avez-vous des exemples de crises au cours desquelles vous avez pris des libertés par rapport à la méthode existante ?

DF : Dans les unités spécialisées, la méthode est d'abord celle que l'on s'impose à soi-même. Cela offre donc de la souplesse, et c'est souvent le règlement qui suit l'évolution des techniques et non l'inverse. Par exemple, en matière d'emploi des explosifs, les standards de sûreté sont très élevés, mais il faut parfois s'en affranchir pour créer une brèche à quelques mètres des équipiers en phase d'assaut. Seul l'entraînement permettra d'apprécier jusqu'où il est possible d'aller.

GF : La préparation permet de bousculer les protocoles. Mais qu'en est-il en opération ? Faut-il savoir prendre des libertés ?

JLF : La gestion de crise obéit généralement à des orientations stratégiques et tactiques. Dans l'incertitude propre aux crises, le chef suit sa stratégie et adapte la tactique aux événements. La tactique est notre part de liberté en tant que chef. Il n'est pas bon de suivre aveuglément la procédure. Je pense notamment à une étude américaine qui a montré que le respect trop strict du protocole par des pompiers américains avait conduit à aggraver les dommages causés par des incendies. Je me souviens également d'une prise d'otages qui s'est déroulée dans un bureau de poste un

6. Le Myers Briggs Type Indicator est un outil d'évaluation qui permet de savoir à quel type psychologique appartient une personne (il y en a 16).

après-midi de 2006, à Limay, dans le département des Yvelines. Un braqueur retenait des otages, qui s'étaient réfugiés dans la salle des coffres. Après avoir tiré à plusieurs reprises sur les gendarmes locaux positionnés autour du bâtiment, le malfaiteur alluma un feu pour déloger les otages de la salle des coffres. Le risque d'asphyxie augmentant, nous avons décidé d'une intervention en urgence. Notre temps de préparation fut court et, une fois à l'intérieur, la colonne d'assaut essuya des tirs. En réaction, elle riposta et neutralisa le malfaiteur. Absolument rien ne pouvait laisser présager une telle issue. Nous avons dû nous adapter de bout en bout et n'avons donc pas mis en œuvre un protocole d'intervention classique. Lorsque j'ai pris la décision d'intervenir, j'en ai assumé la pleine responsabilité, mais j'avais su susciter, au préalable, l'adhésion de tous les fonctionnaires présents.

DF : À Noël 1994, lors de l'opération de libération des otages du vol Air France Alger-Paris, nous sommes également amenés à sortir des schémas conventionnels en raison de l'intensité de la crise. Par exemple, lorsqu'elle débute, nous sommes prépositionnés à Majorque, mais on comprend très vite que les preneurs d'otages veulent aller en France. Je prends alors la décision de quitter Majorque, où nous sommes impuissants, et d'aller à Marseille-Marignane. S'il avait fallu attendre le feu vert de toutes les autorités, nous ne serions peut-être jamais allés à Marignane. Il me faut assumer cette décision. Elle s'avère déterminante car, lorsque l'Airbus atterrit à Marignane, nous nous y trouvons déjà. Les preneurs d'otages arrivent donc sur un lieu que l'on tient, ce qui est un avantage décisif. Plus tard, dans la conclusion de la crise, nous dérogeons à certains principes techniques et tactiques. Lors de l'assaut, les terroristes se réfugient dans le cockpit. Les tireurs de précision sont au nombre de sept et postés à une centaine de mètres. On leur demande de tirer en dessous des vitres du cockpit sur des cibles qu'ils ne voient pas. Au moment où l'on donne cet ordre, on sait que ces tirs peuvent être réalisés et qu'ils conforteront notre position. Faire tirer sur une cible que l'on ne voit pas revient à s'affranchir des règles classiques, mais cela contribue à la réussite de l'opération.

JLF : Ma distinction entre l'opération et la gestion de crise est un peu plus nuancée que celle de Denis, car je considère que, dans les deux cas, on fait appel aux mêmes ressorts individuels et collectifs. En gestion de crise comme en opération, on peut s'affranchir de la procédure, mais toujours dans l'intérêt général. La crise, c'est l'incertitude et pour la surmonter, il faut s'adapter sans cesse.

GF : *A contrario*, à quoi sert la préparation si, en définitive, on peut être amené à s'affranchir des procédures répétées à l'entraînement ?

DF : La prise d'initiative et la préparation sont très liées, au contraire. Il est vrai que la gestion de crise en entreprise est très normée, et que ces normes constituent un garde-fou. Il ne faut toutefois pas en être prisonnier. D'autre part, il existe un second garde-fou : en situation de crise, la décision résulte d'une analyse et d'un échange avec les autres membres de la cellule de crise, si bien que, s'il est décidé de s'éloigner des protocoles, cette décision a été pesée dans le cadre d'une discussion collégiale et dans une salle dédiée. Cette capacité à décider ensemble n'est pas le fruit du hasard. Elle se prépare et l'on s'y entraîne. En cela, la prise d'initiative et la préparation sont très liées.

GF : Avez-vous des exemples d'opérations où ce que vous aviez appris à l'entraînement a été décisif ?

DF : Oui, par exemple lorsqu'il faut faire usage d'explosifs. La question centrale des unités d'intervention est l'investissement d'un lieu : en clair, on se demande toujours comment entrer le plus vite possible pour sauver les otages. Or, il est de plus en plus difficile de passer par les portes, car elles sont renforcées ou tenues par les preneurs d'otage. Par conséquent, le recours à l'explosif se généralise, mais cette généralisation n'est possible qu'au terme d'un entraînement très rigoureux. Dans un autre registre, celui de la maîtrise du feu et de la force, seul un entraînement poussé permet de ne jamais perdre le contrôle d'une opération.

JLF : Lao Tseu disait que « l'échec est le fondement de la réussite ». Toutes nos expériences sont réintégrées dans nos entraînements et enseignées à ceux qui ne les ont pas vécues. Le temps passant, le capital d'expérience est colossal. Nous l'intégrons à nos méthodes, si bien que la valeur ajoutée des unités d'intervention en gestion de crise est absolument considérable. Lorsqu'Yvan Colonna est en fuite, il est recherché à la fois par la police et par la gendarmerie. Devenu ministre de l'Intérieur, Nicolas Sarkozy désigne le RAID comme l'unité chargée des recherches. Mon chef de l'époque, Christian Lambert, et moi étions pleinement conscients que notre unité avait une marche à franchir, et nous avons fait considérablement évoluer nos techniques. Au départ, ce n'était pas simple et nous avons observé des résistances chez certains opérateurs, qui trouvaient que nous nous éloignions de notre ADN policier. Le succès de la mission nécessitait cependant que nous nous adaptions, donc nous nous sommes rapprochés des forces spéciales pour apprendre des techniques d'enfouissement et de dissimulation en forêt. C'est d'ailleurs à cette occasion que nous avons recruté les premières femmes au sein de l'unité pour réaliser des missions de surveillance en Corse. C'est par la remise en question et par l'adaptation que nous sommes parvenus à réussir cette opération.

GF : Cette nécessité de préparer sans cesse la crise d'après vous a amené à poursuivre votre entraînement, même avec quarante années d'expérience des crises. Vous entraînez-vous différemment aujourd'hui ?

DF : Il faut toujours se préparer, accepter la remise en question et se livrer à des exercices. Ces exercices ne sont plus de même nature que ceux que j'ai connus il y a quarante ans, mais ils permettent la gestion efficace de l'imprévu. Cela, c'est pour l'aspect professionnel. En marge de cela, je continue la course à pied. Je cours deux fois par semaine. C'est, pour moi, un élément d'équilibre.

JLF : Je pense que la clé, c'est l'adaptation au quotidien. Pour ma part, j'essaie de prendre du recul, notamment en me posant et en capitalisant sur les formations que nous organisons à Lorient avec les anciens commandos des forces spéciales. Je ne m'entraîne plus comme avant, mais j'organise des exercices de gestion de crise, des retours d'expérience et, surtout, je pousse autant que possible les managers du groupe Veolia à s'entraîner eux aussi. Enfin, je passe beaucoup de temps à partager mon expérience avec les managers en recherche de nouvelles voies.

GF : Quels conseils donneriez-vous à un jeune chef qui souhaite s'entraîner, qu'il travaille dans le secteur public ou dans le secteur privé ?

DF : En premier lieu, je lui conseillerais de commencer à constituer un collectif. Quand ce jeune chef va être confronté à la crise, il lui faudra avoir préparé son entourage, car la question du rapport à l'autre est essentielle. Je lui conseillerais également d'être imaginatif, de penser aux scénarios les plus dommageables pour son organisation et de réfléchir à des réactions possibles. Je lui conseillerais, enfin, de prendre la main sur des exercices pour qu'il soit placé face à ses forces et à ses faiblesses. Les exercices pratiqués ensemble permettront de constituer un collectif très fort.

JLF : Je lui conseillerais, pour ma part, de s'entraîner, de s'entraîner encore et de s'entraîner sans cesse. Nous avons tous oublié l'épidémie H1N1 et ses précieux enseignements. Nul doute que, si nous nous étions entraînés sur la base de cette expérience, nous aurions pu éviter certaines erreurs dans la gestion de la crise du Covid. Je lui conseillerais aussi de développer ce que j'appelle « l'esprit commando », qui consiste à transformer les collaborateurs en équipiers en créant une interdépendance technique et affective. Remplacer la contrainte par l'adhésion révèle les pouvoirs de la cohésion. Les salariés sont ainsi tentés de donner le meilleur de leur potentiel plutôt que de subir. La confrontation à l'effort est un puissant révélateur des comportements. Enfin, l'entraînement pratique doit toujours être privilégié aux enseignements théoriques. Trop de managers s'entraînent de façon très théorique par crainte de l'échec qui, pourtant, permet la progression. En 2004, alors que j'étais conseiller technique pour le RAID en vue des Jeux olympiques d'Athènes, j'ai vu le ministre de l'Intérieur grec commander un exercice de crise. Il devait prendre la décision d'abattre un avion, et ses 300 passagers civils, qui se dirigeait sans autorisation sur l'Acropole. Un tel exercice est inimaginable en France, où les autorités politiques négligent souvent, à tort, l'entraînement.

Chapitre III

S'ENTOURER

GF : Ce troisième chapitre est consacré à la relation aux autres, aux dynamiques collectives face à la crise et à la manière dont il est possible de trouver sa place au sein d'un groupe. Ce chapitre donne aussi l'occasion d'aborder la question des entourages professionnels, la façon dont les affinités se créent et dont les réseaux se constituent. Il permet, enfin, d'évoquer les entourages amicaux comme familiaux, rouages discrets s'il en est mais indispensables à la stabilité dont tout gestionnaire de crise a besoin.

Puisqu'il est question de rapport aux autres, je voudrais vous demander, pour commencer, si vous vous définiriez comme des solitaires ou, à l'inverse, plutôt comme des « grégaires » ?

JLF : Les deux. Je suis parfois solitaire par nécessité. La solitude, y compris en situation de crise, permet un recul indispensable pour ne pas être prisonnier de ses émotions et pour prendre ainsi les bonnes décisions. Je le suis, ensuite, par la force des circonstances. Lorsqu'il faut prendre une décision, on est souvent seul. Pour reprendre une métaphore sportive, on vit la solitude du gardien de but, dernier rempart face aux attaquants de l'équipe adverse. Tout repose sur lui à ce moment-là du match et il est seul. Lors d'une prise d'otages, c'est assez similaire. Lorsque j'étais chef du RAID et qu'il me fallait prendre une décision comme celle, par exemple, de donner l'assaut, j'étais seul. C'était ma responsabilité. Quant à « grégaire », cela dépend du sens que l'on donne à ce mot. « Grégaire » au sens de moutonnier, certainement pas ! Mais

« grégaire » au sens d'évoluer avec un collectif, oui, bien sûr. De ce point de vue, je me sens plus proche de la meute de loups que du troupeau de moutons. La meute est organisée et structurée. Elle n'a rien à voir avec le troupeau.

DF : Pour ce qui est de la gestion de crise, et *a fortiori* pour la conduite d'opérations, le collectif prime. À la question « solitaire » ou « grégaire », ma réponse est assez nuancée. Je ne suis pas solitaire par principe, mais le chef que j'ai été et que je reste à certains égards aujourd'hui a besoin parfois de prendre du recul. La distance permet d'analyser et elle conduit, de fait, à une forme de solitude. Cette solitude-là est plutôt salutaire. Elle permet de mieux décider. Le chef a donc besoin de temps de solitude. En gestion de crise, quand tout est brouillard autour de lui, le chef doit parfois s'isoler. Il y a d'ailleurs des salles dédiées pour cela, où le chef peut se retrouver avec quelques décideurs et trancher. Au quotidien, le chef peut aussi rester seul quelques instants dans son bureau. Une certaine forme de solitude est courante, voire nécessaire, en gestion de crise comme dans la conduite des opérations ; il ne faut pas la rejeter. Ce qui est à rejeter, en revanche, ce sont les comportements solitaires qui conduisent à se couper d'un collectif. De manière générale, en tant que chef, il y a un équilibre à trouver entre la proximité avec ses équipes et la distance nécessaire pour analyser et décider. Quant à savoir si je suis « grégaire », la difficulté de certains contextes opérationnels et de certaines crises nécessite qu'on les aborde en « meute », vision que je partage avec Jean-Louis. La meute ne doit pas être vue de façon péjorative. Au contraire, elle peut permettre le succès dans des situations hautement critiques. Enfin, il y a des moments où je me suis senti seul. Cette solitude-là n'est pas liée à un tempérament solitaire. Elle est la conséquence, par exemple, d'échecs que l'on peut connaître, notamment en opération. Même si globalement, le parcours qui a été le mien s'est bien déroulé, il m'est arrivé d'être confronté à des échecs opérationnels. Dans ces moments-là, j'ai ressenti une forme de solitude : jamais vis-à-vis de mes hommes, mais parfois vis-à-vis de ma hiérarchie.

Lorsqu'on est mis en cause, la hiérarchie n'est pas toujours aussi présente qu'on pourrait l'espérer, mais les hommes qui s'engagent avec vous restent présents. Cette solitude très particulière provient donc plutôt du haut que de vos équipes.

GF : Plus haut, vous avez évoqué le MBTI, un test de personnalité professionnelle. Pour résumer, ce test distingue des personnalités introverties, des personnalités extraverties et, surtout, celles qui vont chercher leur énergie professionnelle dans l'interaction avec ceux qui, au contraire, la trouvent dans l'introspection et la solitude. Dans laquelle de ces deux catégories vous reconnaissez-vous le plus ?

JLF : Je me situe en équilibre entre l'introversion et l'extraversion car, dans ce domaine, je n'ai pas de dominante marquée. Mon entourage professionnel m'apporte une énergie que je puise à son contact et, surtout, dans l'action. Mais je ressens également le besoin de me ressourcer intérieurement pour analyser les situations et mûrir mes réflexions. L'action n'est rien sans la réflexion. Lorsque je commandais le RAID, avant toute prise de décision, j'avais pour habitude de m'extraire de la cellule de crise – composée notamment du préfet, du procureur de la République, et d'autres autorités – pour évaluer les risques à notre action future.

DF : Pour ma part, je ne suis pas particulièrement extraverti ! Pour autant, je serais incapable de vivre sans interaction sociale. Je pense établir avec les autres un contact direct, franc et ouvert.

GF : Vous avez, l'un et l'autre, été scolarisés dans des écoles militaires, où le poids du collectif est très fort. Est-il possible d'y conserver néanmoins une part d'introversion ?

JLF : Opposer le collectif et l'introversion est assez caricatural. En école militaire, on vit en groupe, mais les individualités ne sont pas gommées pour autant. Chacun conserve sa personnalité, sa part d'introversion comme d'extraversion. Par contre, le groupe repère assez rapidement les beaux parleurs et les contraint à plus de modestie.

DF : L'introverti n'est pas un individualiste. Dans des circonstances où le collectif est très fort, chacun doit se ménager des moments à lui. Peut-être que l'introverti a davantage besoin de moments seul, sans doute est-il aussi moins expansif, mais cela n'en fait pas pour autant quelqu'un d'inadapté au groupe. Lorsque je vivais en collectivité, je bénéficiais toujours de temps libres pour lire ou faire du sport. Se retrouver seul face à soi-même est très important. Cela permet non seulement d'analyser les choses, de préparer ce que l'on va faire et dire, mais aussi de consacrer du temps à l'introspection. Ces moments de solitude sont donc salutaires. Celui qui ne les prendrait pas passerait à côté de quelque chose.

GF : En quoi la gestion de crise est-elle une épreuve collective ?

JLF : La gestion de crise révèle la primauté du collectif. Le responsable doit savoir incarner la vision, le but, en expliquant sa stratégie pour renforcer la cohésion. À l'entraînement, notamment au sein des unités d'intervention, nous sommes poussés dans nos retranchements pour tutoyer nos limites et prendre ainsi conscience de l'importance du groupe. L'entraînement est un apprentissage de l'humilité. Seuls, nous sommes vite limités. Il ne peut y avoir de réussite que collective. Dans le secteur privé, ces principes restent pleinement valables. Même si l'entreprise promeut le mythe du *self-made-man*, je n'y ai rencontré personne qui ait réussi sans les autres.

DF : Si on considère que la crise, c'est le chaos, l'homme seul n'est rien et ne peut y faire face. Pour encaisser le choc et inverser une tendance négative, il faut une méthode, de l'énergie, des compétences et surtout des hommes. Quelle que soit son intensité, la gestion de crise requiert une action collective. En situation de crise, on met en œuvre des capacités individuelles, et le principe de l'action collective consiste en une sublimation des qualités personnelles de chacun. C'est ce qui, d'ailleurs, fait la marque de fabrique des unités spécialisées.

GF : Le sens du collectif s'acquiert-il ? Une personne plutôt introvertie, peu à l'aise en groupe, pourrait-elle trouver sa place au sein d'un collectif ?

JLF : Les extravertis comme les introvertis ont tous leur place dans le groupe, car les compétences sont différentes entre les opérateurs et le chef de la cellule de crise. L'opérateur peut acquérir le sens du collectif en respectant une méthode et, surtout, en se laissant guider par le chef, dont le rôle consiste à intégrer chaque équipier. Pour ce qui est du gestionnaire de crise responsable de cette cohésion, s'il n'a pas les qualités requises pour diriger une équipe, il rencontrera de sérieuses difficultés pour gérer une crise, *a fortiori* si elle est de haute intensité.

DF : En matière d'adhésion à un collectif, le rôle du chef est déterminant. Face à celui qui a des difficultés à entrer dans le groupe, le rôle du chef est de l'y inclure. Ce collectif permet de surmonter la crise mais le chef reste le chef. Il reste celui qui assume en dernier ressort, en particulier en cas d'échec. Il existe des prédispositions au commandement, il ne faut pas le nier. Il y a des chefs qui s'appuient d'emblée sur le groupe, d'autres sont plus solitaires par nature, mais ils n'ont pas d'autre option, au final, que de s'appuyer sur le collectif.

GF : Que se passe-t-il lorsqu'un collectif rompt brutalement avec son chef ?

DF : Sur les opérations lourdes, l'opérationnel qui est rejeté par le collectif peut très difficilement revenir, surtout si la confiance est rompue. Quant au chef qui serait rejeté par le collectif, il ne pourrait plus donner d'ordres – ou plutôt, il pourrait donner des ordres mais ceux-ci ne seraient que partiellement exécutés.

JLF : En cas de désaccord, l'équilibre entre les préoccupations humaines et opérationnelles est rompu. Dès cet instant, les responsables des ressources humaines doivent intervenir pour assister ces managers. Si la situation perdure, le temps n'est pas le meilleur des remèdes. Il faudra remplacer ce manager en l'accompagnant avec bienveillance.

GF : Lorsqu'un chef n'est pas accepté par ses hommes, est-ce irrémédiable ?

DF : J'ai été personnellement confronté à cette situation. En 1992, je prends le commandement du GIGN dans un contexte très difficile. Me faire accepter en tant que chef n'a pas été simple. Avant que je puisse tenir mon rôle de chef, il a fallu que je fasse mes preuves à l'entraînement, puis sur de petites opérations. Cela pose, en creux, la question de la légitimité du chef. Rien n'est irrémédiable en la matière, mais cela suppose des qualités individuelles, techniques, morales, psychologiques et, surtout, d'accepter la remise en question. Dans une unité spécialisée, il faut accepter d'oublier ses galons : courir, nager, boxer avec ses hommes et s'exposer en opération au même niveau de risques. Sans avoir fait ses preuves, il est très difficile d'obtenir la légitimité nécessaire au commandement. D'ailleurs, en entreprise, la question de la légitimité est tout aussi centrale. Nul ne peut se voir confier la responsabilité de la gestion de crise en entreprise sans être considéré comme légitime par les autres parties prenantes.

GF : Par conséquent, si une personne n'est pas acceptée par un collectif en situation de crise, vous lui conseilleriez de faire ses preuves ?

JLF : Indiscutablement. Les formations au commandement permettent de comprendre les ressorts psychologiques du rapport aux subordonnés afin d'amender ses pratiques, le cas échéant. Les techniques employées lors des débriefings peuvent être de très bons leviers d'action pour faire évoluer les chefs dans leur rapport aux autres. Mais pour changer, il faut le vouloir et certains, pétris d'un ego surdimensionné, sont imperméables à ces enseignements. Leur entêtement les rend inadaptés au management.

DF : Il est fondamentalement impossible de commander une opération lourde si, au préalable, on n'a pas fait ses preuves. Le risque est tellement élevé que la confiance doit être absolue, aussi bien montante que descendante.

GF : Faut-il être extraverti pour être un bon gestionnaire de crise ?

JLF : La question ne se pose pas en ces termes. Un bon chef n'a pas à être extraverti ou introverti. Ce qui compte, c'est la légitimité que lui confère le groupe.

DF : Croire qu'il faut être extraverti pour bien gérer une crise est un cliché. Être un leader, ce n'est ni être démagogue, ni surjouer la proximité. Le commandement, la légitimité, l'autorité, cela ne consiste certainement pas à parler fort. Il faut des leaders, certes, mais des leaders qui ont de l'autorité et qui la développent. Ce n'est pas une question d'extraversion. Le chef décide, s'engage, et donne de sa personne, mais il n'a pas à entretenir une proximité artificielle.

GF : Comment trouver sa place au sein d'un collectif ?

JLF : Il faut d'abord la trouver par l'effort. Une bonne équipe de sport, c'est d'abord le talent individuel, catalysé par la force du groupe. Le paresseux est rapidement démasqué et il est délégitimé par le groupe. Une place, cela se conquiert, mais toujours avec humilité. Il faut s'en donner les moyens par la volonté et la persévérance. Quant à devenir chef, cela ne se décrète pas. À un moment donné, le collectif vous reconnaît comme tel à force de pugnacité et d'exemplarité. Une fois cette étape franchie, vos responsables peuvent vous choisir pour occuper une place de chef.

DF : Trouver sa place se travaille par l'entraînement et par la remise en question. Il faut savoir accepter de repartir à zéro et de recommencer à s'entraîner. Il faut aussi accepter la mise à nu. Par la suite, quand on évolue et qu'on arrive en gestion de crise avec plus de métier, on a gagné en légitimité et c'est un peu plus facile.

GF : Comment résister à une dynamique collective si elle n'est pas la bonne ?

JLF : Il faut coller à la méthode. Les fondamentaux, ce sont la compréhension de la mission et le respect de la place de chacun. Dans la phase de préparation, les parties prenantes se réunissent et, lors de ces réunions, chacun doit prendre la parole et avoir l'audace, notamment pour les plus réservés, de dire ce qu'il pense. Une fois la synthèse faite et la décision prise, tout le monde y adhère. Enfin, le chef doit faire preuve de pédagogie pour que le collectif adhère à la décision, mais aussi pour le ramener sur le bon chemin s'il s'égare.

DF : Le collectif peut partir dans une mauvaise direction quand la crise n'est pas maîtrisée, quand c'est elle qui impose son rythme. C'est la raison pour laquelle il faut toujours s'emparer physiquement de la crise pour la dominer, ainsi que je l'ai dit précédemment. Si on prend toujours les décisions avec du retard, on se voit imposer une dynamique qui n'est pas bonne. Le chef doit savoir dire non, y compris à un collectif qui se tromperait.

GF : On choisit rarement son entourage professionnel. Comment s'adapter à un collectif que l'on subit, que l'on n'aime pas ou qui ne nous aime pas ?

DF : Il faut savoir faire avec ceux qui sont en place quand on arrive. Il faut partir du principe que ce ne sont pas des personnes incompétentes. Si certains expriment de la défiance, il faut s'efforcer de les faire adhérer à la dynamique collective et les faire progresser. Faire uniquement avec ceux que l'on connaît et que l'on apprécie est un piège, car on laisse de côté une bonne partie du collectif et on se prive de talents et de compétences méconnues. On n'a pas le droit de dire qu'on n'aime pas une ou plusieurs personnes et les écarter sur la base de critères exclusivement affectifs. Toute la vertu d'un chef est de faire progresser et adhérer des individualités. Ce n'est possible qu'en élevant le débat.

JLF : Comme Denis, je suis convaincu qu'il faut faire avec les personnes en place, même s'il est plus confortable de travailler avec celles qui partagent votre idéal ou votre vision. J'en reviens aux fondamentaux : l'écoute et la formation. Les collaborateurs doivent être au fait de votre méthode et y adhérer. Cette méthode, la même pour tous, embarque tout le monde. Quand on crée de la confiance professionnelle sur des bases claires et saines pour tous, on observe que le récalcitrant du début finit par se rapprocher. Le chef doit apprendre à se méfier de ses biais, qui le poussent parfois à ne s'entourer que de collaborateurs dévoués ou serviles et à sous-estimer la capacité créatrice de certains esprits plus rebelles.

GF : Comment savoir ce que le collectif pense de vous ?

JLF : Cela n'a aucun intérêt de chercher à le savoir. En tant que chef, on a des valeurs et on tire le collectif dans une direction précise. Si le collectif n'adhère pas, le chef le voit très vite et doit savoir s'analyser. Le mauvais chef se persuade que le collectif a tort. C'est une grave erreur. En tant que chef, il faut toujours entraîner les autres avec soi sans se soucier excessivement de son image.

DF : La question laisse accroire qu'il faudrait plaire à ses collaborateurs. Chercher à plaire est l'antithèse du leadership. Le leader ne donne pas raison au dernier qui a parlé. Il se forge une conviction puis il tranche. Ceci posé, le retour des collaborateurs est intéressant. Les unités d'intervention sont constituées de collectifs forts. Si les hommes n'adhèrent pas, cela se ressent tout de suite. Les phases de débriefing sont d'ailleurs faites pour cela. Chacun y est mis à nu et, en tant que chef, on dispose là d'un retour rapide. Ce retour peut être rude, mais il est toujours exprimé de façon constructive et il fait progresser le chef.

GF : Comment s'entourer des bonnes personnes ?

DF : Quand on arrive en poste, on travaille avec celles qui sont en place. Quand je suis devenu directeur général de la Gendarmerie nationale, j'ai conservé le cabinet de mon prédécesseur. Ensuite, au gré des mutations, on recrute des personnes avec lesquelles on est en phase en veillant à intégrer toutes les sensibilités. Je me méfie des phénomènes de caste ou de bande. Dans la gestion de crise classique, l'organigramme permet d'avoir les bonnes personnes aux bons postes.

JLF : Lors de la prise de poste, on compose avec ceux qui nous précèdent. En revanche, j'ai toujours tenté de choisir mon adjoint pour diffuser ma méthode par délégation. Ensuite, les rencontres professionnelles ont leur importance. Il y a des chefs qui sont des passeurs. Certains m'ont fait grandir. J'ai ensuite été un passeur à mon tour. Lorsqu'on est en situation de recruter, on choisit en fonction de sa personnalité, mais il ne faut pas redouter de s'entourer de gens différents. Chez Veolia, par exemple, mon adjoint n'est pas policier. Il est très différent de moi et, par conséquent, très complémentaire. Lorsque je commandais le RAID, j'ai choisi mon adjoint, Jean-Baptiste Dulion, car nous partagions la même vision. Je connaissais son humilité et sa combativité. Mais avant de devenir mon adjoint, il a passé tous les tests de sélection. La compétence prime. La bonne entente est un plus.

GF : À vous entendre, les logiques d'écurie n'existeraient donc pas ?

JLF : Les liens professionnels, y compris les plus forts, apparaissent une fois que l'on a vécu des opérations intenses ensemble. Mais au départ, nul n'accepte un poste de commandement en conditionnant sa prise de poste à la mutation préalable de telle ou telle personne. Il ne faut pas être prisonnier d'un réseau, encore moins d'une logique de bande, car de douloureuses expériences ont montré que les amitiés d'un jour peuvent se transformer en véritables haines le lendemain.

DF : Je suis très réservé face à ces logiques de réseau. Les réseaux sont exclusifs, alors que la gestion de crise exige de l'inclusion. Mais cela ne veut pas dire qu'il faut être fermé au monde extérieur. En fait, à mesure que la carrière se déroule, on se crée des contacts professionnels. J'ai pu observer que ceux qui, dans leur parcours, n'avaient pas été corrects, ne serait-ce qu'une fois, traînaient une réputation pénalisante. En revanche, ceux qui sont bienveillants, sans être dans la complaisance excessive bien sûr, se reconnaissent entre eux et savent s'entraider. Ce n'est pas tant du réseau que de la confiance professionnelle. En gestion de crise, avoir des points d'entrée ici ou là, avec lesquels on a établi une relation ancienne et de confiance, peut se révéler très utile.

GF : Diriez-vous alors que la bonne gestion de crise dépend de logiques de réseau ?

DF : Non, je ne dirais pas cela. Plus que le copinage, c'est la connaissance des rouages et des modes de fonctionnement qui s'avère précieuse en situation de crise.

JLF : Les logiques de réseau existent, bien évidemment, car elles sont essentielles tout au long de nos parcours professionnels. Identifier les bonnes personnes est indispensable pour trouver les meilleures solutions dans un temps contraint. En développant au fil du temps ces réseaux d'amitiés et de compétences personnelles, j'ai rencontré des personnes qui partageaient les mêmes valeurs que moi et qui présentaient beaucoup d'atouts pour la réussite de certaines missions. Ensuite, je reconnais ne pas avoir subi de pression de tel ou tel pour obtenir telle ou telle faveur, peut-être du fait de mon caractère.

DF : Les chaînes de fidélité professionnelle ne sont pas à fuir. Il y a, au cours d'une carrière, des personnes avec lesquelles on traverse des situations critiques. Il en reste de la fidélité professionnelle, et ce n'est ni malsain, ni secret.

GF : Comment entretenir et faire vivre un réseau ?

DF : Certainement pas par le calcul. Tout repose sur la confiance.

JLF : Certaines qualités humaines poussent à faire des rencontres. La curiosité en fait partie. Traverser des épreuves ensemble permet de mesurer la probité d'autrui. Toutes ces relations nouées dans l'adversité créent un réseau de confiance qui n'a rien de malsain, au contraire. Ces personnes peuvent constituer un point d'appui solide dans les crises de haute intensité.

GF : Nous avons longuement abordé la question des entourages professionnels, mais j'imagine que le rôle de l'entourage amical et familial est tout aussi décisif. Quel est son rôle dans la gestion de crise ?

JLF : L'entourage n'est pas un acteur de la crise, mais il a un rôle d'équilibre. Au cœur de la crise, l'adrénaline fait que la mission prend le pas sur les pensées pour les proches. Par contre, de retour chez soi, cet environnement est essentiel, d'autant plus en cas de drame car l'entourage familial et professionnel aide à supporter la peine. Nous avons tous en mémoire les premières confrontations aux cris et aux larmes des familles touchées par le deuil pour mesurer ce que nous leur devons. Cela dit, nous avons tous appris à gérer nos émotions et cela évite leurs débordements excessifs. Autant par caractère que par formation professionnelle, je suis dans la retenue. Je me souviens qu'en 2008, à l'occasion de la cérémonie organisée aux Invalides en hommage aux soldats français tués à Uzbin en Afghanistan, le parent d'un des militaires morts pour la France, accablé de douleur, avait pris à partie Nicolas Sarkozy, alors président de la République. À cette époque, j'étais directeur du Service de protection des hautes personnalités (SPHP) et j'avais tenté d'atténuer sa peine en lui parlant de mon fils, également parachutiste et déployé en Afghanistan. À cet instant, j'ai ressenti le besoin de lui témoigner ma solidarité.

DF : L'entourage apporte un équilibre absolument essentiel. Il permet la stabilité nécessaire à toute gestion de crise. Dans la conduite d'une opération, l'esprit est tout entier focalisé sur l'action et on ne pense pas nécessairement aux proches. Quand les crises s'inscrivent dans la durée, l'entourage aide et permet d'ouvrir le champ de réflexion.

GF : Pour bien gérer une crise, avez-vous besoin de savoir que votre entourage est en sécurité ?

DF : On a besoin de le savoir, mais on a rarement le temps de s'en assurer. Le soir du 13 novembre 2015, je suppose que mes proches sont en sécurité, mais je n'ai clairement pas le temps de leur téléphoner.

JLF : Les temps ont changé. Les récits de nos interventions face au banditisme ou au terrorisme relatés à nos familles n'étaient pas aussi anxiogènes par le passé que de nos jours. Les chaînes d'information en continu augmentent l'angoisse des familles et, indirectement, celle des fonctionnaires devant intervenir. Aujourd'hui, la médiatisation des actions terroristes utilisant des moyens explosifs face aux unités d'intervention fragilise certaines familles de policiers. Nous devons les préparer psychologiquement à la réalité de nos interventions, mais aussi à la confidentialité pour préserver leurs vies sociales.

GF : Que dites-vous à votre entourage en rentrant chez vous après une crise ?

JLF : Je suis relativement secret. Quand je rentre chez moi, je ne souhaite pas m'appesantir sur les opérations que j'ai pu mener. Par contre, il est important de répondre avec franchise aux questions posées, surtout par les enfants, afin de ne pas déformer la réalité. Le mythe du père « superhéros » doit être déconstruit et la réalité du métier expliquée avec raison.

DF : Pour ma part, je n'en fais pas état et mes proches respectent ma discrétion.

GF : La gestion de crise nécessite un engagement très intense, qui implique des sacrifices. Sur un plan familial, vos absences sont parfois difficiles à vivre pour votre entourage, *a fortiori* lorsque vous ratez des moments essentiels. Par ailleurs, vous voyez peu vos amis et ils peuvent vous le reprocher. Comment faire pour que votre entourage accepte votre engagement ?

DF : Nos choix professionnels ne sont pas neutres, effectivement. Tout le monde n'est pas capable d'accepter l'engagement qui en découle. Il s'ensuit des choix de vie particulièrement contraignants.

JLF : En ce qui concerne les unités d'intervention, la sélection sur la base de qualités psychologiques est essentielle. Pour revenir à l'entourage, les amis nous voient souvent comme des personnes héroïques. Ils nous questionnent beaucoup sur la dimension spectaculaire de nos métiers. La famille, c'est différent. Elle épouse notre métier et peut souffrir des contraintes qui y sont attachées.

Pour ma part, ma vie privée a toujours été contrainte par de fortes exigences professionnelles : en 1978, mon épouse et moi avions décidé de partir en congés de Pâques, mais le baron Empain est enlevé par des malfaiteurs. Aussi dois-je décider de les interrompre car le vendredi 28 mars, je suis engagé dans le dispositif de remise de rançon où nous allons interpeller une partie des malfaiteurs après échanges de coups de feu sur l'autoroute du Sud, saturée par les véhicules des vacanciers. Le 2 novembre 1979, mon épouse, hospitalisée depuis deux jours et que je n'ai pu accompagner, apprend la mort de Jacques Mesrine en direct à la télévision. En décembre 2002, nous apprenons qu'Yvan Colonna, qui est en fuite, doit rendre visite à sa femme et à son fils à son domicile de Cargèse. Avec une quinzaine de Raiders, Christian Lambert, chef du RAID, et moi-même passerons les fêtes de Noël et du jour de l'An loin de nos familles… Notre engagement pèse sur nos proches. D'ailleurs, lorsque la sphère familiale d'un opérateur se délite, il doit parfois se mettre en retrait de l'unité.

GF : Pour finir, quel message aimeriez-vous transmettre à vos entourages professionnels et personnels ?

JLF : À mon entourage professionnel, je dirais : « Prenez du plaisir dans ce que vous faites. » À mon entourage personnel, je dirais simplement : « Pardon » et « Je vous aime. »

DF : Mon entourage personnel, je le remercie pour son soutien fort et constant. Quant à mon entourage professionnel, je lui transmets un message de respect pour l'engagement qui est le sien.

PARTIE II

PENDANT LA CRISE

Chapitre IV

Se maîtriser

Guillaume FARDE (GF) : Après avoir évoqué l'avant crise à travers les phases préparatoires essentielles que sont la connaissance de soi, l'entraînement et le rapport au collectif, cette deuxième partie plonge au cœur de la crise dont elle aborde de nouvelles facettes : la gestion du stress, l'écoute et la prise de décision.

Ce premier chapitre est donc principalement consacré à la maîtrise des émotions en situation de crise. La crise est spontanément associée au stress, sans doute parce qu'il s'agit de l'émotion la plus immédiate et la plus communément expérimentée.

Ma première question est alors la suivante : quelle est votre définition du stress ?

Denis FAVIER (DF) : Le stress fait partie aussi bien des crises que des opérations. Il est possible de le définir en considérant ses effets. Le stress entraîne un surcroît de fatigue, notamment sur une crise longue. Il peut se traduire par de l'irritabilité et des changements d'humeur à l'origine de tensions qui vont perturber le déroulement de la crise. Le stress peut amoindrir les performances. Il peut aussi rigidifier voire paralyser la prise de décision. Enfin, le stress doit être distingué de la peur. La peur est inhérente aux opérations mais ses effets, sans doute moins négatifs que ceux du stress, sont plus insidieux. Tout l'enjeu de la gestion de crise consiste à ne jamais agir sous stress.

Jean-Louis FIAMENGHI (JLF) : Le stress se définit, selon moi, comme la conséquence d'une rupture avec les habitudes.

Dès que le fonctionnement normal d'une organisation ou que les routines d'un individu sont perturbées, cela occasionne du stress. Les unités d'intervention travaillent particulièrement les techniques de maîtrise du stress, car c'est probablement l'émotion qui conditionne le plus notre vie et ses effets négatifs perturbent effectivement la gestion de crise, comme l'a indiqué Denis.

GF : Vous rappelez-vous de la première fois où vous avez ressenti du stress ?

JLF : Le stress s'exprime tout au long de la vie. La naissance et la confrontation à la vie sont stressantes. Dès le plus jeune âge, la transgression de l'interdit en suscitait déjà en moi. Je me souviens qu'enfant, au Maroc, alors que j'avais décidé d'aller pêcher au bord de l'océan, c'est en me retrouvant seul au sommet d'un rocher de 10 ou 15 mètres de haut que j'ai ressenti un énorme stress face aux vagues qui se fracassaient contre le rocher. Je n'étais tout simplement pas habitué à être ainsi confronté aux éléments naturels et à leur puissance sonore. Le stress résulte donc de la nouveauté ou du bouleversement des habitudes comme je m'en suis aperçu enfant. Adulte, j'ai toujours été attentif à ses manifestations pour essayer d'en atténuer les effets. Lors de chaque intervention, le niveau de stress augmente. Il faut bien comprendre qu'interpeller quelqu'un, par exemple, n'a absolument rien de naturel. Cela provoque une élévation de notre niveau de stress qu'il faut apprendre à maîtriser, intervention après intervention. Je suis convaincu que mon aptitude à la gestion de crise doit beaucoup à cet apprentissage de la maîtrise du stress, qui a pu se produire car je sortais systématiquement de mes zones de confort. Au RAID, nous cherchons à développer par l'entraînement la maîtrise de ces émotions en renforçant ensemble notre contrôle, notre résilience, nos croyances, etc.

DF : Le niveau de stress varie selon le niveau de la crise. Sur les crises d'ordre public et *a fortiori* sur les crises de nature terroriste, le stress est très élevé et ce, dès la réception de l'alerte. Quand on reçoit le premier appel, il faut appréhender la situation dans son ensemble, l'analyser et prendre les bonnes décisions, ce qui entraîne un niveau de stress significatif. Sur les crises à cinétique plus lente, notamment celles que l'on rencontre dans le monde de l'entreprise, le stress n'est pas de même nature et il s'appréhende dans la durée sans être forcément plus facile à gérer. Dans mon cas personnel, ma première confrontation intense au stress a eu lieu lors de la prise d'otages de l'Airbus d'Air France, en décembre 1994. Au moment où j'aborde la mission, je me rends compte qu'il y a un transfert de responsabilité considérable vers l'unité spécialisée que je commande. Lorsque je raccroche, après la réception de l'appel téléphonique d'alerte, je sens le poids de la charge qui pèse sur nos épaules. Ce très haut degré de responsabilisation est nécessairement source de stress.

GF : Comment le stress se manifeste-t-il ?

DF : Plusieurs attitudes sont possibles chez un décideur confronté au stress. Il y a d'abord celui qui est littéralement assiégé. Submergé par la vague, il est perdu et incapable de décider. Se replier sur soi et se terrer, en quelque sorte, est une manifestation de stress. Il y a ensuite le décideur qui surréagit car il panique face aux événements. Il y a également celui qui non seulement refuse de régler le problème mais qui, pire encore, essaie de savoir qui en est à l'origine pour lui en faire porter la responsabilité. Or, face à la crise, l'urgence n'est pas d'expliquer les causes, encore moins de chercher des responsables. En situation de crise, il faut affronter la réalité et non la fuir. Enfin, le décideur confronté au stress peut également se révéler très instable. Sous l'effet du stress, certains peuvent prendre une première option puis, quelques minutes plus tard, prendre une option radicalement différente après avoir écouté un interlocuteur pas nécessairement fondé à parler. L'instabilité dans la prise de décision est le pire ennemi en situation de crise, et elle est très souvent liée au stress.

JLF : Comment « ne pas paniquer » reste pour moi le problème essentiel face au stress, et sans doute le secret à partager avec tous nos lecteurs, même si nous sommes inégaux face à la gestion de cette émotion. Gérer la crise, l'incertitude, c'est gérer le stress donc, quelque part, gérer l'émotion face à la raison. En entraînement, la confrontation permanente, parfois jusqu'au constat d'échec, reste le meilleur moyen de progresser face aux risques. Je prends toujours le même exemple pour représenter le stress : nous pouvons tous courir sur une planche posée au sol et éprouver de grosses difficultés à courir sur la même planche située à 3 mètres de hauteur ! Les hommes du RAID travaillent sans cesse sur cette émotion, tout en sachant que le stress peut aussi bien stimuler qu'affaiblir. Ses manifestations sont très variables d'un individu à l'autre et d'une situation à l'autre. Par exemple, j'ai été davantage stressé, en tant que directeur de cabinet du préfet de police de Paris, par un appel du ministre de l'Intérieur dès le déclenchement d'une crise qu'en tant que chef du RAID. La pression psychologique m'apparaissait alors plus importante. C'est relativement similaire en entreprise. Le PDG téléphone et vous demande de le rappeler dans les cinq minutes avec des éléments consolidés ; cela occasionne aussi du stress, dont les effets affectent autant le collectif que les individualités. En ces instants-là, la maîtrise du chef renforce son autorité sur le groupe, qui observe ses réactions.

GF : Au démarrage de la crise, un événement souvent grave ou spectaculaire rompt un état stable, sans qu'il soit possible de revenir à la normale par la simple application des procédures de gestion d'incident classiques. L'annonce de cet événement à un décideur occasionne chez lui un stress intense, souvent accentué par l'afflux continu d'appels dès les premières minutes de la crise. Comment peut-il éviter la saturation d'appels et se concentrer sur la gestion de la crise ?

DF : Au sein d'une unité d'intervention, les procédures sont définies. Il peut y avoir des appels parasites et il faut être extrêmement ordonné pour ne pas répondre à des sollicitations inutiles. Les procédures confient un rôle précis à chacun et il faut s'y conformer. Dans une situation critique comme, par exemple, une prise d'otages, on n'a pas de temps à consacrer aux appels inopportuns. Chacun a son rôle : la préparation matérielle, la préparation logistique, la préparation tactique, etc. Le chef, lui, se consacre aux contacts essentiels. Le rôle du chef n'est pas de gérer, en plus de la crise, la préparation logistique pour déterminer comment se rendre sur place, ou les premiers éléments de préparation tactique sur le dispositif initial à mettre en œuvre. Chaque opérateur a une mission précise et s'y consacre entièrement. Le chef doit rester à son niveau, sans quoi il suscite du stress.

GF : Qu'en est-il dans le monde civil ? Par exemple, un directeur d'usine appelé au milieu de la nuit car une explosion s'est produite va rapidement crouler sous les appels de membres de sa famille, de ses amis, de ses voisins, de sa hiérarchie, de ses employés, du maire de la commune, de la presse locale... Comment peut-il savoir à qui répondre et dans quel ordre ?

DF : Il a un tri à faire. Il lui faut être discipliné et se conformer à une grille d'appels.

JLF : C'est exactement ce qui s'est passé chez Veolia. Au Canada, un incendie avait endommagé un site et coûté la vie à un collaborateur le jour même où se déroulait une visite présidentielle de François Hollande. Le cabinet de la Présidence en charge de la visite est rapidement informé et appelle notre PDG pour obtenir des précisions. Le pauvre directeur du site était très gêné dans la mise en œuvre de son plan de gestion de crise. Il lui fallait assister la famille du salarié décédé, trier les appels et apporter les précisions demandées par Paris. Ce manager a été soumis à un stress très fort.

Dès l'entrée dans la crise, l'organisation est décisive. Il faut des procédures clairement identifiées et s'y conformer. Le manager doit prioriser les appels et organiser son dispositif collectif en triant les informations : urgent et important, urgent mais pas important, important mais non urgent, ni important ni urgent… Sur la base de cette préparation, il peut commander, manager l'ensemble avec priorisation et intelligence. Une personnalité brouillonne prend le risque d'être rapidement débordée.

GF : Mais comment ne pas paniquer ?

JLF : Si on n'a pas été formé au préalable, il est très difficile de ne pas être submergé par l'afflux des questions des collaborateurs, par les appels et par les demandes d'explications. Ces multiples demandes, mal gérées, sont susceptibles de provoquer du stress. À l'inverse, certains cadres sont tentés de respecter scrupuleusement une procédure qui ne serait pas adaptée. L'autoritarisme remplace alors l'autorité et cela fragilise la cellule de crise. Les cadres à l'écoute doivent mettre en place des structures de décision stratégique ou opérationnelle pour évoluer le plus aisément dans des mondes incertains, où la prise de décision les responsabilise totalement. Les entraînements doivent les confronter à l'importance du développement de l'état d'esprit du groupe, où la maîtrise des émotions devient prioritaire pour le suivi de la procédure. Seule la pratique de ce contrôle du stress en groupe peut éviter les effets de la panique.

DF : Jean-Louis a raison. Il faut se raccrocher à la méthode. Une personne qui n'a jamais été appelée à gérer une crise par le passé peut s'en sortir en suivant les procédures. En matière de maîtrise des émotions, il est impératif de rester calme. Par exemple pour les appels, il est vrai de dire que le téléphone sonne de façon intempestive, notamment au début de la crise. Une fois que les appels indispensables ont été passés, il n'y a plus aucune raison de trop toucher à son téléphone portable, d'autant plus que les appels essentiels arrivent directement en cellule de crise. Quant aux appels de la presse, il faut les renvoyer vers une cellule de communication. Le rôle du communicant consiste à faire écran pour préserver le gestionnaire de la crise du flux d'appels et à diffuser une légitime information. Celui qui passe son temps au téléphone ne gère pas la crise.

GF : En matière de gestion des émotions en situation de crise, je pense aussi au collaborateur complètement paralysé par le stress et incapable d'agir. Que faire dans son cas ? Le mettre à l'écart ?

DF : Il faut l'écarter et l'accompagner. S'il est complètement paralysé, la mise à l'écart est nécessaire.

JLF : Gérer une crise consiste surtout à créer un état d'esprit où la gestion des émotions est capitale. L'adaptation aux événements entraîne des modifications physiques, physiologiques et psychologiques, individuelles comme collectives. La connaissance de ces effets permet aux individus et au groupe de réagir en amont. La mise à l'écart peut, dans certains cas, être nécessaire afin que le groupe puisse employer toute son énergie à la résolution de la crise. Les techniques de management, de communication, de contrôle sont de nature à rééquilibrer celui qui est stressé afin qu'il réintègre le groupe si le temps le permet. Au RAID, l'entraînement dans des conditions extrêmes, reproductibles en partie dans l'entreprise, permet aux managers de découvrir une véritable boîte à outils dans ces pratiques d'aguerrissement.

GF : Pour ne pas en arriver à cet extrême qu'est la paralysie, existe-t-il une ou plusieurs méthodes pour gérer son stress ?

JLF : Dans ces moments d'incertitude, face à la fatigue, au stress, au temps qui passe ou encore à l'accumulation d'incidents, le manager peut être confronté à la difficulté de la prise de décision. Humain parmi les humains, il ne lui est pas toujours possible de se maîtriser et son comportement peut induire l'inhibition, l'invulnérabilité, les illusions collectives, etc. En entraînement, il lui faut donc accepter d'être confronté à ces situations et apprendre à identifier les trois niveaux d'intensité du stress que sont les réactions d'alarme, de mobilisation et de défense. Cela permet de s'exercer pour retarder ces afflux d'émotions qui perturbent l'équilibre. La pratique de certaines techniques dites « TOP » (Techniques d'optimisation du potentiel) – la respiration, relaxation, préparations mentales – est aujourd'hui devenue incontournable.

DF : En situation de crise, il y a une phase inévitable de fébrilité. C'est incontournable et seules deux attitudes sont alors possibles : soit on maîtrise cette fébrilité, soit on ne parvient pas à le faire et on est emporté. Il n'y a donc pas d'alternative : pour obtenir un succès, il faut parvenir à contrôler la fébrilité. Quant à la manière d'y parvenir, le premier conseil que je peux donner consiste à se poser, à réfléchir et à prendre la main. Il est possible de s'affirmer par sa seule présence et par son calme. Après avoir réfléchi, il est nécessaire d'informer avec précision sa hiérarchie et ses collaborateurs, surtout si la crise est complexe. Lors des crises graves, l'information n'est pas toujours bien partagée, si bien que les situations sont confuses. Par exemple, le soir du 13 novembre 2015 – je fais ici référence aux attentats du stade de France, des terrasses parisiennes et du Bataclan –, en cellule de crise, il a été particulièrement difficile de consolider l'information. La confusion sur le terrain, bien normale au regard de l'ampleur des événements, nous empêchait de disposer d'une information fiable au début. Une fois que l'information est recoupée, il est nécessaire de la partager. En cellule de crise, le chef prend régulièrement la parole pour partager l'information et briefer. Son expression doit rester sobre et calme. C'est ainsi qu'il peut rassurer et s'assurer que tous les membres de la cellule de crise sont bien dans l'esprit et le rythme de la manœuvre.

GF : Très souvent, en début de crise, les très mauvaises nouvelles s'enchaînent. La succession d'événements dramatiques augmente le stress. Comment peut-on recevoir les mauvaises nouvelles sans paniquer ?

JLF : Dans l'incertitude, les mauvaises nouvelles sont légion, et nous devons conserver notre maîtrise individuelle car le stress est contagieux. L'organisation et la méthode sont alors indispensables pour ne pas saturer les organes de décision. D'ailleurs, plus la situation se tend, plus les regards se tournent vers le chef, qui doit encaisser les coups et conserver son sang-froid pour continuer à guider le groupe. C'est le sens de sa mission.

DF : La crise est une succession de mauvaises nouvelles. Les mauvaises nouvelles remontent en salle de crise qui, surtout les premières heures, devient le creuset de ce qu'il y a de pire. Ces nouvelles sont d'ailleurs à recouper pour les confirmer puis les hiérarchiser. Le chef échange, informe et priorise. En gestion de crise, il y a aussi des moments où le chef doit garder certaines nouvelles pour lui, notamment les pressions extérieures, qui peuvent être d'ordre politique ou médiatique. Elles ne sont pas sans lien avec la crise, mais elles n'en constituent pas non plus le cœur.

GF : Comment transmettre les mauvaises nouvelles sans démoraliser ou démotiver ses subordonnés ?

DF : En gestion de crise, il n'est pas permis de tricher, pas plus que de mentir ! Étant tous dans la même pièce, celle de la cellule de crise, il faut très vite informer et partager les informations essentielles. Il est possible de prendre quelques minutes à part dans une pièce dédiée pour analyser une mauvaise nouvelle, celle qui est au cœur de la crise, mais il est nécessaire de la communiquer ensuite très vite et d'être transparent. La gestion de crises est un exercice de vérité.

JLF : Lors d'une crise, on est très vite saturé d'informations que nous devons organiser. Le tri entre les bonnes et les mauvaises nouvelles doit être réalisé par le chef afin de ne pas perturber le fonctionnement du groupe dans la recherche des bonnes solutions. Pour autant, dès que nécessaire et si le chef en ressent la nécessité, il informe le groupe d'une mauvaise nouvelle mais avec pédagogie, pour conserver l'adhésion de tous. Conserver sa bonne humeur est une obligation, surtout dans les moments difficiles.

GF : Mais comment garder le moral lorsque l'envie d'abandonner vous gagne ?

JLF : La vertu de la préparation et de l'entraînement réside aussi dans la culture de la niaque, de la motivation et de la résilience. Les sportifs restent nos modèles, car leurs valeurs sont les nôtres. Pour gagner, il faut se battre et conserver l'audace de ne pas subir. Au bout du bout, il faut une réponse à la crise et notre rôle de manager est précisément de l'apporter. Si certaines personnes baissent les bras, notre mission est de les assister pour continuer à avancer malgré les coups, malgré les mauvaises nouvelles. C'est par la culture de l'échec que l'on n'oublie pas la main tendue, et la confiance se révèle dans ces moments-là. C'est un état d'esprit à acquérir.

DF : Même dans une situation difficile, rien n'est jamais perdu. Il y a toujours une issue. Il faut se battre jusqu'au bout et exploiter la moindre opportunité. Les mauvaises nouvelles peuvent s'enchaîner mais on y fait face et on prépare le coup d'après. La préparation de l'après redonne toujours une perspective de sortie.

GF : En matière d'émotion, certains s'emportent. Comment faire pour ne pas se laisser gagner par l'énervement ?

JLF : La connaissance de soi et de ses émotions est essentielle. Lorsqu'une erreur est commise, il est inutile de céder à la colère ou à l'énervement en accablant systématiquement l'autre. Agir ainsi est souvent la marque d'un terrible manque d'humilité. Nous devons cultiver le droit à l'erreur et s'en servir positivement, notamment lors des séances de débriefing. De la même manière, crier n'apporte rien. Je me souviens que, lorsque j'étais chef du

RAID, lors d'une mission antiterroriste en Corse, nous avions une opération très sensible à mener, et qui demandait énormément de discrétion. Dans l'urgence, alors que nous évoluions hors de nos protocoles habituels, l'équipe chargée de cette mission n'a pas pris toutes les précautions d'usage et un des opérateurs a été repéré par les malfaiteurs. L'opération était compromise. Lors du débriefing, j'ai dû exceptionnellement intervenir pour éviter les règlements de compte individuels et que certains soient accablés – en d'autres termes, pour rétablir la cohésion du groupe, continuer notre mission et, surtout, la réussir plusieurs semaines après.

DF : Cette question renvoie à la gestion des émotions, positives comme négatives. Dans tous les cas, il ne faut pas surréagir, dans un sens comme dans l'autre. Il convient de s'en tenir à une ligne de conduite calme. S'emporter, crier sont des comportements vains. Bien sûr, maîtriser ses émotions se travaille, comme nous l'avons vu, et l'expérience aide. Le chef peut parfois adopter un ton plus ferme si cela ne va pas, mais crier n'est vraiment pas envisageable. Si un collaborateur commet une erreur grave, il est possible de lui parler dans une salle à part. L'accabler publiquement ne réglera rien. Une crise n'est pas un long fleuve tranquille. Le chef y tient un rôle essentiel. Il maîtrise ses émotions. Cela n'exclut pas un « coup de gueule » de temps en temps pour remettre, si nécessaire, les choses dans le bon sens. La gestion de crise nécessite de l'autorité et de la fermeté. Je me souviens qu'un jour, alors que je commandais le GIGN, j'ai quitté brusquement un briefing, marquant ainsi les esprits, pour y revenir quelques minutes plus tard, les esprits étant apaisés. Il est tout à fait possible d'être parfois un peu plus ferme, mais il ne faut certainement pas en faire une habitude. Quand elles sont rares, les réactions vives du chef portent.

GF : *A contrario*, comment gérer l'emportement des autres, surtout lorsqu'il s'agit de votre autorité hiérarchique et qu'elle s'adresse à vous avec véhémence ?

JLF : Les règles de fonctionnement sont les mêmes qui que vous soyez, et l'oublier est toujours pénalisant pour soi et pour les autres. La reconnaissance de ses subordonnées est essentielle. Les explications vives doivent toujours avoir lieu à part. Lors de la recherche d'Yvan Colonna, alors que tout le dispositif était au contact de la bergerie et prêt à l'interpeller, sa soudaine sortie a surpris le groupe, qui n'a pu que constater sa disparition dans le maquis. Alors que nous redoutions le débriefing qui allait suivre auprès de notre ministre de l'Intérieur, Nicolas Sarkozy, connu pour son caractère affirmé, son questionnement s'est fait naturellement et sans aucune critique. Personne n'avait privé l'autre de sa confiance. Nous continuions à être solidaires. Heureusement, vers 19 heures, il nous est signalé qu'Yvan Colonna réapparaît près de la bergerie. Cette fois, et malgré les risques, nous décidons de l'interpeller. Après une course-poursuite, il est finalement maîtrisé par deux hommes du RAID. Cela confirma la cohésion que nous avions tous conservée malgré, j'ose le dire, une forme d'abattement que personne ne voulait montrer. La résolution des crises implique directement nos autorités politiques, et la communication ne doit pas, surtout en cas d'échec, manquer de part et d'autre de sincérité.

DF : Oui, il faut parler vrai. L'autorité qui vous sollicite a besoin de vous. Si elle s'exprime de façon irrespectueuse, vous pouvez lui laisser entendre que, si elle continue, elle aura à gérer cette crise sans vous. Vous pouvez aussi, à l'inverse, faire sans elle. En général, cela suffit pour que chacun retrouve ses esprits.

GF : Il peut aussi arriver que le chef perde ses moyens. Que faire dans cette situation ?

DF : Si le gestionnaire de crise perd ses moyens, c'est un problème majeur. Il ne peut pas rester, ni pour gérer la crise, ni pour gérer l'après-crise.

JLF : On ne devient responsable que dans le temps long, à la suite d'une formation technique et de nombreuses expériences. Il nous faut sans cesse conserver notre sang-froid. Mais je dois avouer que la formation psychologique fait encore défaut dans le privé. Pourtant, retrouver « le sens de l'entreprise » passe obligatoirement par la compréhension des relations humaines. Je constate que, depuis l'arrivée des psychologues au RAID, notre intelligence collective a progressé. Non seulement nous avons appris à mieux communiquer avec les autres, mais aussi entre nous. Et puis, il faut toujours se méfier du mythe du leader. Le chef de guerre est fragilisé par ses biais cognitifs lors des prises de décisions. Le groupe qui l'accompagne peut corriger ses excès, mais cela implique que le chef ne perde jamais sa posture d'écoute et d'humilité.

GF : Les crises mettent à nu sur le plan émotionnel. Si des mots durs sont échangés pendant la crise, comment reprendre une relation normale et apaisée après la crise ?

DF : La crise est une situation anormale par nature. À son issue, on débriefe et cela repart. Le débriefing peut être très dur, mais quand il est bien conduit, il se révèle toujours positif. Le comportement de chacun est décortiqué, celui du chef comme celui de chaque membre de l'opération. Si le chef a commis une erreur, il doit le reconnaître. S'il reste humble, il ne perdra pas en autorité. On n'attend pas d'un chef qu'il ne commette jamais d'erreurs. On attend avant tout de lui qu'il soit exemplaire. Être exemplaire, c'est aussi être capable de reconnaître ses erreurs.

JLF : Calme, sang-froid, équilibre, etc. : ce sont les objectifs que nous nous fixons, même si les empoignades, verbales comme physiques, existent aussi. Nous essayons néanmoins de travailler constamment toutes ces qualités, car nous savons que la maîtrise des émotions est essentielle dans le rapport aux autres et donc au commandement. Cet apprentissage est primordial et doit se pratiquer sans discontinuer. Les formations théoriques sont bien souvent inefficaces. Il faut avoir le courage de les tester en situation d'échec pour pouvoir progresser humblement. Les débriefings ne réunissent que les acteurs des opérations et sont des moments parfois difficiles, car il faut avoir le courage de se dire les choses. C'est ainsi qu'on peut reprendre ensuite une relation normale. Mon parcours en unité d'intervention, au service de la protection des hautes personnalités et plus tard comme préfet, m'a toujours rappelé qu'humilier quelqu'un est un comportement à bannir, et que l'objectif est de conserver la confiance et l'adhésion du collectif, même si les échanges sont vifs.

GF : Vous êtes, l'un et l'autre, de tempérament très calme. Cette attitude s'acquiert-elle ?

DF : Cela se travaille ! Il faut se fixer des lignes de conduite simples : je ne m'emporte pas, je ne surréagis pas, je pose ma réflexion, je prends la parole après avoir analysé la situation et je prends le temps de faire les choses. Cela se travaille assez facilement. Adolescent, j'étais beaucoup plus impulsif qu'aujourd'hui. Depuis, je me suis fixé ces lignes de conduite et elles me permettent d'écouter et d'analyser davantage.

JLF : Au-delà du calme, l'état d'esprit propre au management requiert un ensemble de qualités que nous nous devons de respecter. L'humour, la bonne humeur, surtout dans les moments de crise, entretiennent la proximité et servent à masquer momentanément nos manques d'assurance.

GF : Quel conseil donneriez-vous à un cadre du secteur public ou du secteur privé pour qu'il reste maître de lui ?

JLF : Plusieurs conseils : passer de la « raison d'être » à celle de « faire » afin de mieux commander, d'écouter les autres, d'établir des relations avec les siens et, surtout, de créer de la cohésion.

DF : La maîtrise de soi se travaille au quotidien. Dans toutes les relations interpersonnelles que nous vivons, nous sommes traversés par des émotions. Gérons-les en ayant à l'esprit de ne jamais s'emporter et de toujours décider après avoir posé sa réflexion.

Chapitre V

OBÉIR

Guillaume FARDE (GF) : Dans le prolongement du chapitre consacré à la maîtrise de soi, ce nouveau chapitre évoque une autre posture clé en situation de crise, l'obéissance. Il y est aussi question du rapport au chef, de sa posture et, bien sûr, d'autorité.

Pour commencer, une question très personnelle : diriez-vous de vous-même que vous êtes obéissant ?

Jean-Louis FIAMENGHI (JLF) : Tout dépend de quel type d'obéissance et de quel type d'autorité on parle. Si on se réfère à l'autorité parentale, je n'étais clairement pas un enfant obéissant ! J'étais même très turbulent. Mon passage à l'école militaire puis la confrontation au monde professionnel et à une autorité hiérarchique forte m'ont fait mûrir et comprendre que la liberté ne peut s'exercer que dans un univers discipliné. J'ai accepté les codes propres à l'administration et il est, du reste, impossible d'y faire carrière en faisant preuve d'insubordination. L'obéissance et la loyauté sont des valeurs fortes, mais il ne faut jamais les confondre avec l'aveuglement. Avant de prendre sa décision, le chef consulte et il y a échange d'arguments techniques. Notre obéissance, la mienne comme celle de mes subordonnés quand j'étais en situation de responsabilité, était totale parce qu'elle était consentie.

Denis FAVIER (DF) : Pour moi, la question de l'obéissance est étroitement liée à celle de la loyauté. Dans le métier que j'ai exercé, l'obéissance et la loyauté sont essentielles. Lorsque j'ai intégré

Saint-Cyr, nos instructeurs nous répétaient souvent qu'avant de commander, il faut apprendre à obéir. La notion d'obéissance doit cependant être explicitée. Ce n'est pas une soumission aveugle à des directives supérieures. Ce n'est pas non plus l'exécution d'ordres sans analyse ni compréhension du sujet. Obéir n'interdit pas les échanges de points de vue, bien au contraire. Plus généralement, la question de l'obéissance se pose lors de toutes les crises majeures. L'autorité politique donne des intentions et fixe un résultat à obtenir. Pour ma part, surtout comme commandant du GIGN, je recevais la mission et j'étais en charge de l'exécution. La véritable obéissance consiste à tout mettre en œuvre pour atteindre le but fixé, sans négliger les conditions d'exécution. L'obéissance aveugle, à l'inverse, n'accorde que peu de place à ces dernières. Par conséquent, j'ai toujours considéré que j'avais le libre choix des moyens et des délais, ce qui a pu donner parfois le sentiment que mon obéissance n'était pas totale. En matière de gestion de crise, s'il y a conflit entre le niveau politique et le niveau opérationnel, la question de l'obéissance se pose, bien sûr.

GF : Avez-vous déjà désobéi ?

JLF : Si on se réfère à mon enfance, oui, j'ai parfois désobéi. Il suffisait que mes parents m'interdisent de faire quelque chose pour me donner envie justement de le faire. La communication entre le monde des adultes et celui des enfants est souvent complexe ! En ce qui concerne mon parcours professionnel, dès l'instant où je suis entré au ministère de l'Intérieur, je n'ai jamais fait preuve de désobéissance. Quand j'ai rejoint, très jeune, la Brigade de répression du banditisme, j'ai découvert un environnement assez hiérarchisé, organisé en groupes qui étaient dirigés par des chefs de groupe très expérimentés. Personne ne nous obligeait à être physiquement présent au 36, quai des Orfèvres, et seul comptait le résultat : l'interpellation de malfaiteurs. Cette apparence de liberté était compensée par des heures et des heures de travail en extérieur. Ai-je un jour désobéi ? Je me souviens avoir été un temps commandé par un chef de groupe dont certaines pratiques m'interrogeaient. Face à certains agissements, la question de l'obéissance s'était posée. Sans le savoir, j'avais expérimenté pour la première fois cette fameuse théorie de la « baïonnette intelligente » que l'on enseigne dans les cours de droit pénal. En théorie, le soldat doit refuser d'exécuter un ordre manifestement illégal. En pratique, trouver la bonne manière de résister à un chef qui s'égare n'est jamais simple, *a fortiori* s'il est charismatique et que l'on est soi-même très jeune dans la carrière. J'avais alors demandé conseil à des chefs de groupe plus anciens, qui m'avaient invité à ne pas toujours suivre certaines des instructions de mon chef. J'ai donc désobéi, ou plutôt refusé d'obéir à un ordre « illégal ». Avec le recul, je mesure combien la situation était assez délicate. Dans le même ordre d'idée, je me souviens également d'une affaire de grand banditisme, où nous étions sur la piste d'un vaste réseau de cambrioleurs de haut vol. Ce chef de groupe de l'époque était parvenu à localiser la tête du réseau en Suisse. Il est venu me trouver avec une adresse en Suisse et il m'a dit : « Jean-Louis, tu prends la voiture, tu vas en Suisse, tu escalades le mur de la propriété et tu regardes si cette personne est bien là ». Je savais bien sûr que le périmètre de compétence de la BRB s'arrêtait à Paris. J'ai pris conseil auprès d'un très vieux chef de groupe de la Brigade, qui m'a conseillé de ne surtout pas m'y rendre dans ces conditions. J'ai donc décidé de ne pas suivre cet ordre.

DF : Aussi surprenant que cela puisse paraître, la désobéissance peut faire partie de l'engagement. Il y a des circonstances qui imposent la désobéissance. Jean-Louis évoquait la théorie des « baïonnettes intelligentes ». Quand on est confronté à un ordre manifestement illégal, il y a obligation de désobéir. Au-delà de cette situation très particulière, je n'ai jamais été, pour ma part, dans une logique d'obéissance aveugle. Sans parler de désobéissance, je me suis parfois trouvé dans des situations de non-obéissance. La nuance a son importance.

Par exemple, lors de la prise d'otages du vol Alger-Paris en décembre 1994 que j'ai évoquée précédemment, nous étions en attente à Palma de Majorque depuis 24 heures, mais nous avons très vite acquis la certitude que jamais nous n'interviendrions en Algérie. J'ai donc décidé d'aller à Marignane, alors que je n'en avais pas reçu l'ordre. Je ne l'ai d'ailleurs pas sollicité à dessein : si j'avais demandé des instructions, il m'aurait été dit d'attendre à Majorque. Ce n'était pas de la désobéissance à proprement parler, mais ce n'était pas non plus de l'obéissance stricte. Plus tard, une fois arrivés à Marseille, le ministre de l'Intérieur nous a fortement « incités » à intervenir avant midi, le 26 décembre. Pour moi, outre l'immixtion du politique dans la sphère des opérations, c'était matériellement, techniquement et tactiquement impossible. Les conditions nécessaires pour mener l'assaut n'étaient pas réunies. Le tempo opérationnel n'était pas celui du politique et très clairement, j'ai dû dire non. Était-ce de la désobéissance ? Pas véritablement, dans la mesure où cela s'inscrivait dans le cadre d'une discussion avec l'autorité politique, mais c'était de la non-obéissance.

GF : Qu'est-ce que l'autorité pour vous ?

DF : L'autorité repose sur l'obéissance. L'obéissance résulte du choix volontaire que nous faisons de nous en remettre à une autorité qui fixe les règles, généralement dans une logique d'intérêt général. L'autorité fait abstraction des intérêts individuels. C'est donc sur le terrain de l'intérêt général que le commandement et son corollaire, l'obéissance, trouvent leur sens. Partant, la plus belle manifestation de l'autorité survient lorsque le chef commande en suscitant l'adhésion. Le collectif reconnaît que chaque ordre est donné dans l'intérêt général et y adhère.

JLF : L'autorité, à mon sens, c'est l'adhésion de raison et de cœur à celui qui commande. Au cours d'une carrière administrative, on est toujours placé sous l'autorité de quelqu'un et cela reste vrai en entreprise. À chaque nouveau poste, la question de l'adhésion se pose. Au nom de quoi accepte-t-on la contrainte volontaire de l'obéissance ? La réponse est invariablement la même : au nom de l'autorité du chef, qui agit dans l'intérêt du collectif. Le chef incarne l'autorité, et il est cet homme d'équilibre entre raison et émotion qui fait adhérer le collectif à une vision. C'est en cela que je fais une différence très forte entre l'autorité et l'autoritarisme. Celui qui crie fort n'a pas d'autorité. Il est souvent comme un capitaine sans cap, et ceux qui se trouvent dans le même bateau que lui ne lui accordent aucune confiance. Dans le partage d'expérience avec les managers de Veolia, j'insiste toujours sur l'importance de l'exemplarité, conscient qu'elle ne se limite pas simplement à la signature des chartes. Là encore, le « faire » prime sur le « dire ».

GF : Qu'est-ce qui, selon vous, fonde l'autorité ? Est-ce seulement l'adhésion du collectif ?

DF : Au fondement de l'autorité, il y a un patron qui fixe un cap, qui explique le sens de la mission et qui donne envie à ses subordonnés de se dépasser pour atteindre les objectifs qu'il a fixés. Lorsqu'un chef suscite ce désir chez ses subordonnés, il crée en eux une forme de crainte de le décevoir, qui est tout à fait saine. Servir un patron qui fixe le cap, qui se situe au-dessus des intérêts individuels et qui fédère un collectif derrière lui inspire l'envie de se dépasser. Cela me rappelle cette phrase du général Frère, qui a commandé Saint-Cyr de 1931 à 1935 : « J'obéis d'amitié. » Pour moi, la véritable autorité réside là : elle repose sur cette obéissance d'amitié de l'ensemble des subordonnés qui suivent le chef pour son exemplarité, pour son courage et son charisme.

Cette approche par le sentiment de l'amitié n'est pas un signe de faiblesse. Elle fonde vraiment l'autorité et évite le piège de la confusion très fréquente entre autorité et autoritarisme. L'autoritarisme est tout sauf de l'autorité. En gestion de crise, les décisions cassantes, non concertées, parfois contestées, mènent droit dans le mur.

GF : L'autorité est-elle innée selon vous ? Ou s'acquiert-elle ?

DF : Il existe des personnes plus à l'aise que d'autres dans les relations humaines, qui ont le contact plus facile ou qui dégagent plus de présence. Mais il est toujours possible de se perfectionner et d'apprendre quelques techniques très simples pour ne pas échouer dans l'exercice de l'autorité. Il y a des erreurs à ne jamais commettre et cela s'apprend. Savoir comment réaliser un briefing, comment animer une réunion, comment ne pas couper la parole, comment écouter les avis de tous, peut s'apprendre et se travailler. Il y a aussi cette ardente obligation de s'intéresser, avec sincérité, à ceux qui nous entourent. Ce premier niveau d'apprentissage sert de garde-fou. Ensuite, seule l'expérience permet de développer une réelle autorité. Nos métiers ne nous donnent pas d'autorité en soi. Depuis le grade de lieutenant, j'ai reçu des coups, plus que je n'en ai donné, et j'ai eu à gérer des situations difficiles. Cela confère une expérience qui, avec le temps, accroît et conforte l'autorité.

JLF : Certaines personnes naissent dotées d'une autorité naturelle – pensons au général de Gaulle, par exemple –, mais elles sont rares. La plupart du temps, cela se construit lentement, par l'expérience, et je rejoins Denis sur le fait qu'il y a des erreurs à ne pas commettre. La première est le manque d'intérêt pour les autres. Le chef a le devoir de s'intéresser à ses subordonnés. Il ne s'agit pas de curiosité déplacée, mais d'un intérêt sincère pour leur situation personnelle et leurs conditions de travail. Pour ma part, je suis toujours étonné de constater le peu d'intérêt de certains responsables pour leurs équipes. Écrasés par les procédures, par les comptes rendus et les synthèses, ils n'ont plus de temps à consacrer aux visites et aux échanges avec leurs subordonnés. Comment être crédité d'autorité par des gens que vous ne connaissez pas et qui ne vous connaissent pas ? Le commandement lointain, le manque d'écoute, l'absence d'intérêt et de contact participent d'une série d'erreurs à ne surtout pas commettre si l'on veut gagner en autorité. D'autre part, je conseille toujours aux managers de se mettre à la place de ceux qui sont sous leurs ordres. C'est naturellement plus facile à faire si on a été commandé soi-même dans le passé mais, dans tous les cas, ne pas réfléchir aux conséquences de ses ordres sur les subordonnés conduit à l'échec.

GF : Cela me conduit à vous poser la question que pose le général de Villiers dans son dernier livre[7] : qu'est-ce qu'un chef ?

DF : Avant même de se poser cette question, il faut se demander qui est le chef ! En gestion de crise, il y a souvent des personnes qui prennent la parole doctement mais qui, en réalité, n'exercent absolument aucune responsabilité. Le chef est celui qui assumera, au bout du bout, la responsabilité d'un échec. Qu'est-ce qu'un chef ? Le chef est celui qui connaît ses hommes et qui les aime. Sans connaissance fine de ses hommes et sans amour sincère, aucun commandement n'est possible. Il ne s'agit pas d'être intrusif dans leur vie privée, ni de faire dans le sentimentalisme. Il s'agit de connaître leurs difficultés et leurs attentes pour savoir les comprendre et, le cas échéant, les guider. À ces conditions, le subordonné sait que le chef assumera ses responsabilités et cherchera toujours la meilleure solution pour l'intérêt général. Le chef est un humaniste. Sans dimension humaine forte, il n'y a pas de chef. En deuxième lieu, la définition du chef implique une dimension morale. Le chef doit être exemplaire. Cela ne veut pas dire qu'il est irréprochable ni qu'il ne commet jamais d'erreurs. S'il en commet, il doit les reconnaître et les corriger. En troisième lieu, le chef n'existe véritablement que par sa légitimité. La légitimité s'acquiert en opérations, en acceptant le même niveau d'engagement que celui qu'il exige de ses subordonnés. Les dimensions humaines, morales et de légitimité sont centrales dans la définition du chef. Le chef n'est pas celui qui dit « en avant », mais celui qui dit « derrière moi ». Montesquieu a écrit : « Pour faire de grandes choses, il ne faut pas être un si grand génie ; il ne faut pas être au-dessus des hommes ; il faut être avec eux. » Pour moi, c'est un excellent résumé de la définition du chef.

---

7. Publié chez Fayard en 2018.

JLF : Pour ma part, le chef assume la responsabilité de sa stratégie. En Corse, les anciens disent que ceux qui sont au balcon ont toujours la solution. La place du chef est sur le terrain. C'est lui qui prend les risques et qui endosse la responsabilité au final. La responsabilité fait le chef. Ensuite, la deuxième notion que j'associe à la définition du chef est celle de l'exemplarité. Le chef doit donner envie. S'il ne donne pas envie, la troupe n'adhère pas. La motivation n'est pas financière. Elle est ailleurs. Elle réside souvent dans la motivation insufflée par un chef qui s'appuie sur un socle de connaissances, d'expériences et de valeurs communes.

GF : Avant de devenir, l'un et l'autre, de grands chefs, vous avez eu pour supérieurs de grands chefs. Parmi eux, lesquels vous ont plus particulièrement marqués ?

DF : J'ai, pour ma part, des souvenirs marquants de plusieurs chefs. J'ai puisé des savoir-faire et des savoir-être à plusieurs sources. Le général Roland Gilles, par exemple, avait un relationnel à ses hommes qui m'a beaucoup inspiré. De la même manière, le général Jacques Mignaux avait un sens poussé de l'organisation et une façon de présenter ses idées qui le rendait très convaincant. Je n'oublie pas non plus le général Guy Parayre dont j'ai beaucoup observé le sens politique, et cela m'a aidé lorsque je suis devenu à mon tour directeur général de la Gendarmerie nationale. J'ai aussi été marqué par le sens de l'État et la capacité de prise de risques de certains préfets. Il y a des chefs qui vous formatent tout au long de votre carrière, mais il n'y a pas de chef absolu.

JLF : On choisit rarement son chef. Durant notre carrière, on a souvent les chefs qu'on nous a désignés et le chef idéal n'existe pas. Concernant l'inspiration, il y a des chefs inspirants, bien sûr, mais pour des qualités particulières et notamment l'exemplarité. Il n'y a pas de chef qui soit un modèle absolu. Croire cela, c'est sombrer dans l'idolâtrie. Robert Broussard n'était pas exempt de tout reproche, mais j'avais une confiance presque aveugle en lui. Il m'amenait à donner le meilleur de moi-même et savait me motiver. En cela, il a été un chef marquant. Bien des années plus tard, le préfet Michel Gaudin m'a beaucoup appris par son sens tactique, sa connaissance parfaite de l'Administration et des fonctionnaires qui la composaient. Antoine Frérot compte aussi beaucoup pour moi. En une décennie, il a transformé le groupe Veolia pour en faire le champion mondial de la transformation écologique après son rapprochement avec une partie de Suez. J'éprouve du respect et de la gratitude pour ces chefs inspirants qui m'ont éclairé. Ces trois chefs sont tous différents et tous m'ont beaucoup appris à leur manière. Il n'y a pas de modèle en soi.

GF : Des chefs vous ont inspirés et, corollairement, une fois devenus chefs vous-mêmes, vous avez inspiré vos propres subordonnés. Certains parlent d'ailleurs de vous avec un immense respect et une grande nostalgie. Avez-vous conscience d'avoir marqué à ce point vos subordonnés ?

DF : Je n'ai pas pris de lourdes responsabilités en cherchant à être aimé. Exercer des responsabilités avec ce souci-là conduirait à des choix démagogiques, qui éloigneraient du véritable commandement. La logique d'intérêt général doit toujours prévaloir sur le souci de plaire. Ma carrière en gendarmerie a fait que j'ai compris assez tôt et assez jeune quelles étaient les attentes du politique. J'en ai notamment tiré la conclusion que le politique a besoin de réponses rapides aux problèmes de sécurité. Une fois devenu directeur général de la Gendarmerie nationale, j'ai orienté toute mon action sur notre capacité à répondre encore plus efficacement aux attentes de sécurité. Ce faisant, c'était répondre également aux attentes du pays. Je me suis employé à mettre les opérations au cœur de mon mandat, et les grandes opérations remontaient ainsi à la direction générale. Par ce biais, je pense être parvenu à donner du sens à l'action de chacun, à affirmer notre utilité sociale et à développer la fierté légitime d'appartenir à une belle institution. Sur un plan plus personnel, je me suis présenté sans maquillage, avec mes qualités et mes défauts. Je suis d'un naturel calme. Il vaut mieux l'être en situation de crise. En plus du calme, il y a aussi l'amour sincère que j'ai porté aux gendarmes. Seul, on n'est rien et on ne fait rien. On ne doit jamais oublier, surtout au plus haut niveau, que l'homme doit rester au cœur de notre action.

JLF : Je ne suis pas rentré dans la police pour devenir chef, mais j'ai toujours dépensé une énergie folle à être au meilleur niveau. J'ai été récompensé pour avoir franchi, parfois difficilement mais toujours avec bonheur, toutes les étapes qui vont d'enquêteur contractuel à préfet de la République. Je crois être parvenu à exercer des fonctions très élevées en raison de mon expérience et de mes valeurs. J'ai appris à être commandé avant d'apprendre à commander. Une fois en responsabilité, sans naïveté ni démagogie, j'ai toujours favorisé la proximité avec mes équipes. La sincérité, comme la confiance, ne se commandent pas mais se suscitent. L'obséquiosité ou la flagornerie ne me caractérisent pas. J'ai mon propre style de management, auquel certains ont adhéré. J'ai aussi l'humilité de reconnaître que d'autres ne s'y sont pas retrouvés.

GF : Pourquoi obéir au chef et pourquoi le faire plus particulièrement en situation de crise ?

DF : La crise est une situation ultime qui n'a rien à voir avec les enjeux du quotidien. Au quotidien, le temps permet davantage la discussion et la recherche d'un compromis. En temps de crise, les choses sont différentes. Il faut décider et agir vite. Personne ne peut se permettre de désobéir. Les enjeux sont d'une telle intensité qu'il ne peut y avoir le moindre flottement. Cela exige une grande discipline et le rôle du chef, c'est de mettre de l'ordre, ce qui n'est pas du tout incompatible avec le principe de collégialité. Le chef, lorsqu'il s'installe en salle de crise, s'appuie sur différentes entités et sur la diversité des expertises réunies autour de la table. Le chef ne s'engage pas seul et n'a pas la science infuse. Il choisit des options après avoir échangé et il faut bien sûr que les opérateurs adhèrent à la manœuvre. Une fois qu'une option est arrêtée, on doit la mettre en œuvre et les règles d'obéissance prévalent. Il revient ensuite au chef de donner le « top action », et cet ordre-là ne peut souffrir la moindre contestation.

JLF : La crise oblige à décider dans un temps limité. Cela requiert une forme de discipline, qui passe par l'obéissance au chef. Cela ne signifie pas, en revanche, que le chef décide vite et mal, sans prendre l'avis de quiconque. En réalité, le chef agit en chef d'orchestre. Il est entouré d'expertises complémentaires qu'il coordonne. Ainsi, la stratégie peut être maintenue en adaptant les différentes tactiques en collégialité. L'obéissance est bien sûr essentielle à la réussite des différentes actions.

GF : Est-ce seulement par la collégialité que le chef peut espérer être obéi ?

DF : Non, bien sûr, mais cette question pose celle de la légitimité du chef. Lorsqu'une autorité authentique est exercée, la question de la désobéissance ne se pose tout simplement pas. Dans les opérations lourdes, la question de la réflexion collégiale avant la prise de décision n'affaiblit pas le chef, bien au contraire. *In fine*, c'est lui qui prendra la décision, et l'obéissance de ses équipes sera d'autant plus forte qu'il aura su les associer à l'opération.

JLF : Je prends souvent la métaphore du sport. Pourquoi est-on nommé capitaine ? D'abord pour son parcours en gravissant tous les échelons. Ensuite, par la posture d'écoute et d'humilité qu'il doit adopter pour susciter l'adhésion du collectif. Se croire le meilleur est l'assurance d'échouer dans l'exercice des responsabilités. Il faut, au contraire, connaître ses limites, étudier en quoi les points forts des autres équipiers compensent nos points faibles, et s'employer à faire cohabiter les différences. À ces conditions, la légitimité du commandement devient possible. La collégialité est essentielle en situation de crise. Je me suis toujours méfié du chef qui a réponse à tout et qui néglige l'avis de ses collaborateurs.

GF : Avez-vous été déjà confrontés à la désobéissance d'un subordonné ?

JLF : Il faut distinguer la désobéissance de la non-obéissance. La désobéissance pure et dure est inadmissible, sauf face à un ordre manifestement illégal, et doit être durement sanctionnée.

DF : Je n'y ai jamais été confronté. Cela traduirait un échec lourd de commandement.

GF : Contrairement au modèle anglo-saxon, très adossé à l'expérience, le modèle français est plus attaché aux diplômes et aux concours, ce qui conduit des personnes très jeunes à exercer des responsabilités élevées. Comment asseoir son autorité en étant si jeune ?

DF : Tout d'abord, je nuancerais ce que vous dites du modèle anglo-saxon. J'ai eu à côtoyer de près le 22e SAS [8] et j'ai assisté à des briefings où des officiers relativement jeunes avaient une posture distante et où l'autorité était plutôt exercée par les sous-officiers expérimentés. En France, dans le système militaire, tous les officiers, quel que soit leur mode de recrutement, débutent dans des fonctions d'encadrement où ils apprennent le métier. Dans les unités d'élite, l'acculturation est encore plus progressive, car on y débute comme équipier. Il est vrai, en revanche, qu'en dehors du monde militaire, certaines personnes diplômées de grandes écoles considèrent parfois que leur cursus académique leur confère une autorité supérieure. On a tous en tête des exemples de jeunes directeurs de cabinet de préfet placés, sans expérience, en situation

8. SAS : « Special Air Service », unité de forces spéciales des forces armées britanniques, créée en 1941.

de devoir gérer une crise d'ordre public. Ils ont alors intérêt à s'appuyer sur des personnes expérimentées, sauf à prendre le risque d'un échec sévère. De manière générale, dans notre système français, toute la finesse du commandement consiste à aller très jeune au contact de ses subordonnées et de s'enrichir de leur expérience. À 25 ans, on ne dispose pas du même niveau d'expérience de terrain qu'un sous-officier ancien, mais on est riche d'un autre bagage, qui est complémentaire. La hiérarchisation du système est, par ailleurs, bien admise. Cette acceptation permet au jeune officier de faire rapidement ses preuves. En cela, la confrontation au terrain favorise un apprentissage accéléré du commandement.

JLF : Par sensibilité, je me sens plus proche du système anglo-saxon en ce qu'il privilégie l'expérience sur les diplômes. Pour moi, les diplômes ne sont pas des brevets d'aptitude à commander. Le commandement fait appel à des ressorts humains spécifiques. Le diplômé d'une grande école doit, comme les autres et peut-être plus que les autres, réfléchir à ses qualités et à ses défauts, essayer de s'amender et, surtout, aller vers les autres. Lors des recrutements, les responsables des ressources humaines privilégient trop souvent les quotients intellectuels (QI) sans se soucier des quotients émotionnels (QE), pourtant indispensables au management. Or, face à un groupe, c'est au chef de faire les premiers pas. Toujours. Comme Denis, je me suis parfois retrouvé confronté à des représentants de l'autorité administrative ou de l'autorité judiciaire très jeunes, que je devais ramener à davantage de bon sens. L'apprentissage de cette intelligence situationnelle a aussi forgé le chef que je suis devenu.

GF : Le mot « chef » est masculin dans son emploi courant. Le mot « patron » aussi. Doit-on en déduire que les femmes sont exclues de l'exercice du commandement ?

DF : J'ai, pour ma part, un regard très ouvert sur cette question. Il n'y a absolument aucune barrière empêchant une femme d'exercer une fonction d'autorité si elle développe les qualités de commandement qu'on attend d'un chef. Les armées ont longtemps été fermées à la féminisation, mais ce verrou a sauté il y a plusieurs dizaines d'années maintenant. On trouve à présent des femmes à quasiment tous les postes, y compris dans les unités à fort engagement opérationnel. Quant aux femmes générales, commandant de groupement de gendarmerie ou gestionnaires de crise, leur autorité n'est pas remise en question du fait de leur genre. Lorsque ces clichés persistent, ils doivent être combattus.

JLF: Je ne fais pas de différence de genre. La personnalité est déterminante, non le sexe. J'ai toujours vu dans la participation des femmes à toutes les missions de police une forme de modernité et de progrès. En 2002, avec Christian Lambert, dont j'étais l'adjoint à la tête du RAID, nous avons sélectionné et recruté les huit premières femmes de l'unité. Leur concours a été déterminant pour les missions de surveillance que nous menions en Corse à cette époque-là. L'unique limite que j'ai pu constater était d'ordre physique pour l'accomplissement de missions très particulières sur ce plan. En colonne d'assaut, une femme aura physiquement plus de difficultés à porter le matériel que certains hommes. C'est une question de physiologie, et cela n'a rien à voir avec le commandement ni avec l'autorité.

GF: Quels conseils donneriez-vous à un cadre de l'administration ou d'une entreprise qui voudrait gagner en leadership?

DF: Le leadership ne s'enseigne pas facilement. Il repose sur la relation que l'on a aux autres, sur la maîtrise que l'on a de son métier, et sur le sens que l'on donne à son engagement. Il faut, par conséquent, être sincère, savoir de quoi on parle et s'engager. Enfin, une forme de courage intellectuel et moral est nécessaire.

JLF: Cela revient à la question entre l'inné et l'acquis. On ne devient pas chef comme cela. Tout un parcours y conduit, en cultivant des qualités de base. Concernant l'acquis, je conseillerais de travailler le management, mais pas de façon théorique. Il faut se confronter au terrain pour faire tomber les certitudes et les idées reçues. C'est dans le regard des autres que se dévoilent vos aptitudes à emmener et motiver une équipe.

GF : Pour conclure, avez-vous un message personnel à adresser à ceux que vous avez commandés ?

DF : Je leur adresserais un message de reconnaissance et de gratitude pour leur engagement, pour les risques qu'ils ont pris, pour leur sens de la mission. Dans les fonctions qui ont été les miennes, on ne peut rien accomplir sans l'adhésion du collectif. En cela, j'éprouve un fort sentiment de reconnaissance.

JLF : Je leur dirais de rester vrais lorsqu'ils deviendront chefs à leur tour. Ne faites jamais preuve de démagogie. Soyez dans le fond et pas dans la forme.

Chapitre VI

Agir

Guillaume FARDE (GF) : Ce chapitre est consacré à l'action, à la prise d'initiative et à la prise de décision. Le cardinal de Richelieu écrivait que l'exercice du pouvoir commande d'agir. De Gaulle, qui avait sans doute lu le testament politique de Richelieu, écrivait, quant à lui, que le chef devait trancher et ne surtout pas être « du sable entre les doigts ».

Au cours des précédents chapitres, vous avez rappelé, l'un et l'autre, l'importance de l'action pour reprendre l'ascendant face à la crise. Puisqu'il est question d'action, ma première question porte sur l'expression « homme d'action ». Cette expression véhicule l'image d'une personne toujours en mouvement, presque hyperactive, et vous avez pu, l'un comme l'autre, au cours de vos carrières respectives, être qualifiés d'homme d'action. Mais qu'est-ce qu'un homme d'action pour vous et, surtout, vous définiriez-vous comme tel ?

Denis FAVIER (DF) : L'hyperactif n'est pas vraiment un homme d'action. L'hyperactif est un homme d'agitation et, en situation de crise, l'agitation est contre-productive. L'homme d'action, ce n'est pas celui qui s'agite. L'action, *a fortiori* si elle se veut forte et solide, doit reposer sur une réflexion tout aussi forte et solide. Le véritable homme d'action est donc aussi un homme de pensée. Dans les locaux du GIGN, il était inscrit sur les murs cette citation de Bergson qui résume assez bien les choses : « Il faut agir en homme de pensée et penser en homme d'action. » Si l'homme d'action est celui qui réfléchit avant d'agir alors oui, je me sens proche de cette définition.

Jean-Louis FIAMENGHI (JLF) : Je suis un homme d'action au sens où je me sens attiré par l'action. Toute ma vie, je me suis efforcé d'être dans le faire plus que dans le dire. Je fais partie de ceux qui veulent que ça avance. Cela ne signifie pas qu'il faut agir sans avoir réfléchi, mais tout simplement qu'il faut transformer la réflexion en action. Les palabres inutiles et le surplace me conduisent très vite aux limites de ma patience !

GF : En 2016, Jean-Louis, vous avez publié *Dans le secret l'action* aux éditions Mareuil et vous m'avez écrit en dédicace : « À Guillaume, que j'invite à me suivre sur les chemins de l'action. » Que sont ces chemins de l'action ? Ceux que vous avez empruntés en tant qu'homme d'action ?

JLF : Les chemins de l'action, c'est un état d'esprit, celui du « faire ». Un grand nombre de réunions privilégie malheureusement l'information à la prise de décisions, et bien souvent, les participants s'écoutent parler sans qu'il n'en ressorte rien. Or, tout manager doit rester concentré sur son objectif et ne pas se disperser.

DF : Ce que dit Jean-Louis me rappelle ce dessin humoristique de Voutch où les participants à une réunion de haut niveau se disent : « Nous ne sortirons pas de cette salle avant d'avoir répondu à deux questions : qui a organisé cette réunion et dans quel but ? »

GF : Justement, diriez-vous que les unités d'intervention sont plus agiles que les grands groupes, car les décisions y sont prises plus vite ?

DF : Le cliché généralement répandu est celui d'une entreprise agile et d'une administration lourde. C'est caricatural. En situation de crise, j'ai pu observer que les systèmes publics et privés sont capables de la même réactivité. Tout dépend, en réalité, du rythme donné à la gestion de la crise et de l'engagement des décideurs. Je me souviens, par exemple, du crash de l'avion de la Germanwings dans les Alpes de Haute-Provence en 2015. Nous avons pris en main la situation très rapidement et engagé un volume important de moyens pour répondre aux besoins imposés par le drame : moyens aériens, d'enquête, d'identification criminelle, personnels spécialisés en technique de montagne… Nous avons pris l'ascendant sur la crise. Pour le monde de l'entreprise, il suffit de regarder ce qui a été fait en mars 2020, au début de la crise du Covid-19. En organisant la mise en place du télétravail imposé par le confinement, le rapatriement de leurs salariés dispersés dans le monde entier, l'achat de masques, etc., les entreprises ont montré qu'elles savaient être agiles et gérer des crises.

JLF : Pour ma part, la différence que j'y vois est que, dans les unités d'intervention, nous partageons tous la même méthode car notre domaine est celui de l'action. Au RAID, nous sommes tous policiers, tous formés et tous entraînés selon les mêmes standards. Cela fluidifie considérablement la prise de décision. En entreprise, chacun est riche de sa formation et de son parcours personnels, mais c'est parfois plus difficile à coordonner. Il m'est souvent arrivé de devoir reformuler mes explications avant la prise de décision pour faire adhérer la majorité à ma stratégie.

GF : Vous avez beaucoup dit, l'un comme l'autre, que dès que la crise survient, il faut la dominer, et que cette reprise de l'ascendant passe par le refus de la sidération et de l'immobilisme. Vous avez dit, par exemple, qu'il fallait tout de suite mettre en place un premier dispositif, même sommaire. Mais au-delà de l'injonction de faire, comment savoir quoi faire ?

DF : Bien sûr qu'il faut réagir vite, mais cela découle d'une réflexion. Si on prend le cas d'une unité d'intervention d'élite, tout ce qu'elle met en place résulte de modes opératoires qu'elle a travaillés ; par conséquent, elle sait agir. Elle a développé des actes réflexes, qui sont le fruit d'une réflexion préalable et d'un entraînement. En entreprise, c'est similaire. Soit des scénarii ont été identifiés, des procédures ont été établies et on s'y raccroche, soit ce travail préparatoire n'a pas été fait et, dans ce cas, il faut poser sa réflexion et faire remonter à sa mémoire tous les souvenirs d'expériences qui peuvent aider à mettre en œuvre les premières actions.

JLF : Savoir quoi faire repose sur la méthode, et la méthode repose sur l'entraînement. En situation de crise, on ne sait jamais si, en fermant le robinet, on va arrêter l'eau ! Le gestionnaire de crise ignore si son action immédiate aura des effets tout aussi immédiats sur la propagation de la crise. Il est cependant essentiel de se mettre en action tout de suite. Le premier dispositif, même sommaire, prépare le terrain au gestionnaire de crise. Cette mise en place maîtrisée apporte de la confiance pour la suite de la gestion de crise. Le primo-arrivant organise toujours un premier dispositif en attendant les renforts. La planification est un pilier incontournable pour les policiers, les gendarmes, les sapeurs-pompiers et, bien sûr aussi, pour les entreprises. En entreprise, toutefois, cette culture de l'action n'est pas encore assez répandue. Trop de cadres sont encore paralysés par l'incertitude. Y remédier implique de s'entraîner davantage et, par conséquent, d'y consacrer du temps.

GF : La nécessité de poser sa réflexion n'est-elle pas tout de même contrariée par l'urgence ? Les échecs sont le jeu de réflexion par excellence, mais lorsqu'on y joue en blitz, chaque joueur ne dispose que de 5 minutes de réflexion pour l'ensemble de la partie. Il faut alors jouer vite, c'est-à-dire avancer ses pièces dans un temps très contraint, sans possibilité de revenir en arrière. Cette tension du joueur de blitz, le gestionnaire de crise l'expérimente à sa manière. Comment peut-il savoir qu'en décidant telle ou telle action, il a pris la bonne décision ?

DF : On ne le sait jamais vraiment, ou alors après coup. La gestion de crise n'est pas une science exacte. On est contraint par le temps, mais il ne faut surtout pas faire l'économie de la réflexion. Aux échecs, même en blitz, celui qui ne réfléchit pas du tout perd immanquablement. Il faut toujours prendre le temps de se poser et de comprendre ce qui arrive. Il faut réfléchir tout de suite à la façon dont on peut sauver ce qui peut l'être, à la manière d'éviter la surprise et à la façon de reconquérir du terrain. Ensuite, dès les premières actions entreprises, on sait qu'il y aura des difficultés en cascade et on s'y prépare. Mais c'est précisément parce qu'on a commencé par réfléchir qu'on affronte mieux cette succession de difficultés. Dans tous les cas, il n'y a pas de choix parfait. On choisit souvent la moins mauvaise option. Dernière chose : on pense parfois que le décideur marche à l'instinct et le fait qu'entre une part d'intime dans toute gestion de crise conforte cette idée. Il est vrai qu'il y a parfois un aspect moins rationnel dans la gestion de crise, qui s'illustre par la place laissée à l'intuition. Mais il ne faudrait pas en déduire que le gestionnaire de crise laisserait quoi que ce soit au hasard. En réalité, son intuition est toujours très préparée et canalisée. Il vit la crise intimement.

JLF : Lors d'une prise d'otages, quand le chef donne le top assaut, il ne sait pas si c'est le meilleur moment. Il le déduit des informations dont il dispose. Du fait de la contrainte du temps, il faut souvent prendre une décision sur la base d'informations incomplètes. Il y a bien sûr une part d'intuition, mais l'intuition, ce n'est certainement pas de la chance, c'est de l'expérience ! Mais n'est-ce pas le rôle du chef d'adapter continuellement ses tactiques ? *In fine*, toute la responsabilité lui incombe.

DF : Lors des prises d'otages que j'ai vécues, certaines situations ont nécessité de mener l'assaut en urgence. Si le preneur d'otages est très violent, s'il tire, s'il s'en prend aux personnes retenues, l'unique option est de donner l'assaut dans les conditions du moment, et la prise de risques est très élevée. Il en va de la préservation de la vie des otages. Dans d'autres cas, l'assaut peut être conduit au moment où on le décide, et le chef est maître du temps, des moyens à engager et des techniques à mettre en œuvre. Dans ce type de situation, le chef prend en compte tous les paramètres : la position du preneur d'otages ou du terroriste, l'état de fatigue, la négociation… À un moment, les paramètres favorables sont alignés et c'est le moment de donner l'assaut.

GF : En matière de prise de décision, la peur de prendre une mauvaise décision peut paralyser. Comment surmonter cette peur ?

JLF : La maîtrise de cette peur, c'est justement ce qui fait le chef. La prise de décision du chef, c'est un saut dans l'inconnu, mais elle intervient au terme d'un processus où chacun est interrogé de façon collégiale et responsabilisé avant la prise de décision. Ce cadre méthodologique permet au chef de réduire le risque d'erreur. Il est vrai cependant qu'en entreprise, je vois des managers tétanisés par la peur, par exemple lors des réponses aux appels d'offres. C'est souvent lié à un déficit de responsabilité ou de conseils techniques apportés par d'autres. La capacité d'écoute reste donc primordiale pour surmonter cette peur.

DF : En gestion de crise, la peur fait partie du paysage. Dans les situations extrêmes, c'est une question de vie ou de mort. Qui n'aurait pas peur dans ces circonstances ? Le chef peut avoir un moment de doute, et il ne doit pas le rejeter mais le traiter. Il en parle à ses subordonnés et il privilégie telle ou telle option. Il arrive aussi que des autorités soient paralysées non pas tant par leur inquiétude pour les autres, mais davantage par la peur pour leur propre carrière. Les inquiétudes fondées sur le seul intérêt personnel sont le pire ennemi de la gestion de crise, où seul l'intérêt général doit prévaloir.

GF : Prendre des risques, cela s'apprend ?

JLF : Il n'y a pas de réussite sans prise de risques. Il suffit, pour s'en convaincre, de regarder les carrières des uns et des autres. Ceux qui exercent les plus hautes responsabilités ont consenti à des sacrifices personnels et ont pris des risques. Les prises de risques ne sont pas les mêmes selon les âges. Jeune, je me suis surtout exposé physiquement. Plus âgé, j'ai continué à prendre des risques, même s'ils étaient de natures différentes. Dans tous les cas, la prise de risques s'évalue. Il n'est pas question d'agir en tête brûlée et d'être dangereux pour soi et pour les autres. Enfin, en situation de crise, face à une autorité très réticente au risque, le chef doit user de certaines techniques pour que cette dernière le laisse agir pleinement en contrepartie d'un transfert de responsabilité. Pour certaines autorités, j'ai pu personnellement mesurer à quel point ce transfert était libérateur. Enfin, si on cherche à encourager une forme de prise de risques chez les décideurs, il faut également accepter une forme de droit à l'erreur. Accabler celui qui a pris des risques et qui a commis une erreur n'aide pas les autres à en prendre à leur tour, bien au contraire.

DF : Pour ma part, je fais une grande différence entre le risque et la prise de risques. Le risque est l'élément contre lequel il faut lutter et dont il faut limiter les effets. La prise de risques est, en revanche, une démarche volontaire. Elle consiste à intégrer des paramètres particuliers dans le choix de la décision à prendre. Rien de grand ne peut se faire sans prise de risques. Sur des crises majeures, elle est même d'ordre éthique ! C'est le sens même de la mission.

Lorsque j'étais directeur général de la Gendarmerie nationale, j'encourageais tous les officiers à prendre des risques dans un système qui, par certains aspects, peut être considéré comme assez conservateur. J'ai encouragé, par exemple, tous les officiers à tester de nouvelles organisations du service. En contrepartie, comme le souligne Jean-Louis, il ne faut jamais accabler celui qui, ayant pris des risques, a connu un échec.

GF : Vous avez dit qu'en situation de crise, on peut se trouver face à une autorité qui n'ose pas décider. Comment obtenir une décision de sa part malgré tout ?

DF : Il ne faut jamais perdre de vue que les autorités nous appellent parce qu'elles ont besoin de nous. Le conseil que je pourrais donner consiste à toujours associer les autorités à la gestion de la crise. Lors d'une prise d'otages, par exemple, j'ai toujours associé le préfet et le procureur de la République. Je leur présentais les différentes options. Il peut arriver malgré cela que des autorités soient bloquées. Dans ces cas-là, il faut prendre la main sans humilier. L'autre conseil que je voudrais donner consiste à fixer des conduites à tenir. Par exemple, dans le cas de la recherche des frères Kouachi, les opérations les amènent à se retrancher dans une imprimerie à Dammartin-en-Goële, où ils retiennent sans le savoir un otage, dont ils ignorent l'existence, après en avoir libéré un premier. Ils sont cernés et ne peuvent pas sortir. S'engage alors une opération classique de libération d'otages avec son tempo propre. Mais une autre prise d'otages se déroule quelques heures plus tard à l'Hyper Cacher de la porte de Vincennes à Paris. Le ministre de l'Intérieur m'indique alors que les deux opérations devront être menées en même temps, ce qui nous conduit à examiner l'hypothèse où ce seraient les frères Kouachi qui, sortant de l'imprimerie, prendraient l'initiative du déclenchement de l'intervention. La détermination de la conduite à tenir se fait en concertation avec l'autorité ministérielle, et nous convenons qu'une sortie des terroristes entraînerait une réaction immédiate. Or, c'est exactement ce qui s'est passé, et cela a entraîné, corollairement, le déclenchement de l'assaut à l'Hyper Cacher.

JLF : La conquête de la crise passe irrémédiablement par la prise de décision. Les qualités de leadership et de management sont indispensables pour susciter l'adhésion de la majorité à une décision dont personne ne connaît les conséquences à l'avance. Certaines autorités, soucieuses de leur avenir professionnel, hésitent à donner des instructions claires. Il faut alors susciter le transfert de responsabilité dont je parlais en prenant la main et en assumant la suite de la conduite de la crise.

GF : Avez-vous des exemples de situations de crise où vous avez dû « arracher » une décision à une autorité ?

DF : Je me souviens notamment d'une intervention que j'ai dirigée en 1995, dans un département du centre de la France. Le préfet était bloqué au point qu'il ne pouvait décider d'intervenir. C'est nous, le GIGN, qui avons pris la responsabilité de l'intervention, qui s'est d'ailleurs bien déroulée. Ce qui est terrible pour une unité spécialisée, c'est de devoir attendre le feu vert d'une autorité trop timorée et de laisser passer des opportunités.

JLF : Avant toute chose, il faut agir avec le plus de transparence possible. Si l'instauration d'un climat de confiance ne suffit pas, le chef doit engager sa propre responsabilité. Ainsi, afin de résoudre le problème de la violence de certains supporters du PSG, j'ai dû bousculer mes autorités pour leur faire accepter les risques liés à des centaines d'interpellations, dont le cadre juridique était imprécis. Telle était la stratégie que j'avais définie et partagée avec les principaux décideurs pour restaurer notre autorité autour du stade. Malgré les critiques de plusieurs médias, associations et avocats, cette stratégie audacieuse a permis d'atteindre notre objectif: la diminution puis la disparition de la violence des hooligans. Si cette stratégie avait échoué, j'aurais sans doute été remercié. C'était ma part de risque.

GF : Inversement, avez-vous des exemples d'autorités qui changeaient d'avis au point de prendre des décisions contradictoires ?

DF : C'est très peu fréquent. Je n'ai jamais vraiment observé cela. Il arrive, en revanche, d'être confronté à des autorités va-t-en-guerre qu'il faut parfois freiner.

JLF : Pour ma part, j'y ai été confronté une fois. Durant une prise d'otages délicate, mon autorité changeait constamment d'avis et cela nuisait à notre stratégie. Pour déverrouiller la situation, j'ai alors expliqué qu'en cas d'échec, je serai l'unique responsable. J'ai immédiatement obtenu une plus grande marge de manœuvre !

GF : Que faire si l'on se rend compte, en conduite de crise, qu'on a pris une mauvaise décision ?

DF : Il y a des moments où l'action engagée n'est pas réversible. Quand un mouvement d'assaut est donné, par exemple, il est impossible de l'interrompre. Dans les cas de figure où c'est encore réversible, il faut bien sûr réviser sa décision et ne surtout pas s'entêter.

JLF : Le chef assume les conséquences de sa décision. Rien n'est jamais acquis et le risque zéro n'existe pas, encore moins dans l'incertitude. Pendant la crise, nous sommes amenés à prendre plusieurs décisions, dont certaines sont parfois mauvaises. Il faut accepter le risque de pouvoir se tromper. Cependant, et quand c'est possible, nous corrigeons aussitôt. Prendre une décision et accepter l'échec fait partie du sens donné à notre action. Cela nous aide à grandir.

GF : Comment ne pas perdre la face auprès de ses subordonnées en cas de mauvaise décision ?

JLF : En cas de mauvaise décision, il m'est arrivé de me sentir seul. Je devenais la cible de certains bien-pensants. Si la prise de décision contestée l'a été après réflexion, le mauvais résultat peut être débriefé dans un cadre plus apaisé. Dans ces moments-là, l'écoute et le partage permettent de dépasser l'échec.

DF : Tout dépend de la nature de la décision. Si la décision critiquée repose sur une faute personnelle, un entêtement, un défaut d'analyse ou un manquement à ce qui est attendu d'un chef, alors il sera difficile de revenir dans le jeu et de ne pas perdre la face. En revanche, si la décision en question est un des éléments de la gestion de crise, si elle a été prise à un instant donné en fonction des conditions du moment, alors le chef peut ne pas perdre la face à condition d'assumer sa décision ou de la corriger si c'est encore possible.

GF : Avec les années, qu'est-ce qui a changé dans votre rapport à l'action ? La recherchez-vous encore ?

DF : On ne vit pas le même niveau d'action avec les années. Actuellement, je ne suis pas confronté à des crises tous les jours et c'est heureux ! J'aime l'action malgré tout. Churchill disait : « J'aime qu'il se passe quelque chose, et s'il ne se passe rien, je fais en sorte qu'il se passe quelque chose. » Autant par tempérament que par expérience, je ne crains pas les situations délicates. Je n'ai jamais recherché les opérations, mais lorsqu'elles se sont présentées à moi, je m'en suis toujours emparé. C'est une question d'état d'esprit.

JLF : Avec le temps, l'état d'esprit et le rapport à l'action ne changent pas et nous conservons, je pense, toujours la même motivation. L'engagement physique est moindre, le temps passant, mais partager mes expériences avec les managers reste mon principal objectif. Sans parler de véritable coaching, je suis de plus en plus porté vers le domaine des ressources humaines.

PARTIE III

APRÈS LA CRISE

Chapitre VII
Communiquer

Guillaume FARDE (GF) : Cette troisième partie aborde les enjeux relatifs à la gestion de crise une fois le calme revenu. Forts de l'expérience des crises passées et pour anticiper les événements futurs, les acteurs de la crise parlent, débriefent et adaptent leurs pratiques. Dans ce chapitre, il est donc question de la communication, un thème charnière qui concerne tant le cœur de la crise que son après. Dans les deux cas, il est essentiel de parler et de se parler. Pourtant, si la communication est un des rouages majeurs de la gestion de crise, elle est parfois négligée en sortie de crise, à tort.

Ma première question est d'ordre personnel : par tempérament ou par expérience, êtes-vous plutôt taiseux ou communicant ?

Jean-Louis FIAMENGHI (JLF) : Je n'oppose pas le communicant au taiseux, mais plutôt au bavard. Tous nos hommes savent que la confidentialité de nos missions doit absolument être préservée, et que les bavardages à l'extérieur sont proscrits. En ce qui me concerne, je dois bien reconnaître que je suis plutôt discret, et c'est d'ailleurs confirmé par mon test de personnalité professionnelle MBTI, dont nous avons parlé plus haut. Ceci dit, il faut néanmoins communiquer un minimum. La communication est une fonction essentielle, tant dans la relation à nos équipes que dans la relation à la presse et aux citoyens.

Denis FAVIER (DF) : Je ne suis pas un taiseux mais, en situation de crise, j'ai toujours cherché à garder la maîtrise de ma parole et de ma communication. Parler peu et à bon escient donne du poids à la parole. Aux postes que j'ai occupés, la communication est indispensable pendant et après la crise. J'en mesure, avec le recul, la portée et ce faisant, je mesure d'autant mieux la maîtrise qui doit accompagner toute prise de parole.

GF : Vous avez, l'un et l'autre, commandé des unités d'intervention dont on dit de leurs membres qu'ils ne parlent pas. Cette caractéristique est-elle exagérée selon vous ou correspond-elle à une réalité professionnelle que vous avez observée ?

JLF : En effet, si les membres des unités d'intervention ne sont pas, en général, des gens très bavards, cela ne veut pas dire pour autant qu'ils n'échangent pas. Nous parlons beaucoup entre nous, souvent avec humour et dérision d'ailleurs. Avant chaque opération, la communication, l'information et l'explication sont indispensables. Se parler, échanger, rire ensemble, aide à faire retomber aussi la pression et à souder le collectif. Sur un plan plus opérationnel, avant l'action, nous nous parlons beaucoup et la parole est très libre. Tout ce que je décris là est à l'opposé du bavard. Le bavard fatigue tout le monde !

DF : Dans les unités d'intervention se trouvent tous les profils et tous les caractères. Certains sont expansifs et d'autres plus réservés ; cela dépend de chacun. Les opérations que nous traitons ne sont pas clandestines. Elles requièrent une certaine discrétion, mais elles sont généralement connues du grand public. Lorsque le GIGN est appelé sur une prise d'otages, la presse est là et s'empare du sujet. La communication autour de ces opérations doit toutefois rester sous contrôle. Il peut y avoir des opérationnels qui parlent trop. Sans doute veulent-ils se faire valoir, et la presse étant friande des coulisses des opérations, ils en disent trop, allant parfois jusqu'à relater des interventions auxquelles ils n'ont pas participé. Enfin, concernant les états d'âme et les ressentis, au sein du GIGN – pour prendre un exemple que je connais bien –, la parole est libre et elle tourne très vite. L'échange verbal est très important. Ceux qui doivent se dire des choses se les disent, et parfois de manière très directe. Il a pu même arriver que des désaccords entre forts caractères s'expriment vivement ! En soi, ce qui est gênant, ce n'est pas tant de s'expliquer entre membres de l'unité que de trop parler à l'extérieur.

JLF : À l'extérieur de l'unité, la confidentialité reste la règle. On ne parle pas des opérations en dehors. À l'intérieur de l'unité, en revanche, on échange, on rigole et on s'explique ! Cela reste des unités viriles, et le commandement l'est aussi. Je me souviens de la venue chez Veolia de l'entraîneur de l'équipe de France de handball, Claude Onesta. Il nous a expliqué qu'il ne faut pas considérer un groupe de sportifs de haut niveau comme une somme de personnalités dociles et faciles à manager. Les caractères y sont très forts, et les similitudes avec le RAID sont assez nombreuses à dire vrai ! Dans le monde de l'entreprise, nous retrouvons la même diversité de caractères, et heureusement. C'est ce qui donne toute sa valeur à un groupe.

GF : Vous avez dit à plusieurs reprises, au cours de nos entretiens, qu'en gestion de crise, communiquer est essentiel. Pouvez-vous détailler pourquoi c'est aussi capital selon vous ?

DF : Les crises se gèrent en transparence, que ce soit en communication interne ou externe. Il ne faut aucune zone d'ombre. En cellule de crise, chaque participant doit s'imprégner de l'esprit de la mission et être au fait des tenants et des aboutissants. Cela implique de savoir précisément ce qui se passe. D'ailleurs, pour que les équipes comprennent les intentions de leur chef, celui-ci doit dire ce qu'il vit. Inversement, celui qui recueille sur le terrain des informations qui peuvent aider à la gestion de la crise doit les faire remonter. La circulation régulière de l'information, à la fois ascendante et descendante, est essentielle. Pour faciliter cette circulation, il est recommandé d'organiser des points de situation fréquents, qui permettent à tous d'être alignés et, surtout, de bien garder à l'esprit les objectifs à atteindre. C'est ainsi que l'on crée les conditions de l'autonomie des acteurs de la crise : bien imprégnés de l'esprit de la mission, ils peuvent prendre des initiatives individuelles qui contribuent à sa réussite. La seule nuance tient à la nécessité pour le chef de se préserver une bulle, notamment pour absorber la pression qu'il reçoit du politique. Sa communication est d'ailleurs articulée à son rôle de tampon. Le chef ne dissimule pas, mais il filtre. Car s'il transmet cette pression à ses subordonnés, il peut mettre en péril la gestion de la crise.

JLF : La communication entre les acteurs de la crise est indispensable. Le groupe doit savoir où il va. Il est essentiel que le chef lui expose sa stratégie et, plus encore, que le groupe y adhère. La communication est une phase à part entière de la gestion de crise, et elle précède l'action. Une fois l'assaut lancé, il n'y a plus d'espace pour la communication, c'est le feu de l'action. Mais pour agir vite, il faut avoir longtemps parlé.

En gestion de crise, la communication a une fonction certes essentielle, mais elle doit rester un outil. Elle n'est pas une fin en soi. Les citoyens veulent savoir et ils ont le droit de savoir. Les médias les informent et notre rôle est d'identifier ces enjeux en amont des crises. Les journalistes sont des partenaires, et non des adversaires. Nous travaillons avec eux, et ils connaissent de mieux en mieux notre cadre d'emploi. Il faut à tout prix éviter de donner l'impression que nous cherchons à dissimuler la vérité. Que ce soit au sein de l'administration ou en entreprise, la communication est organisée pour informer l'extérieur sur l'événement et sur notre action. En général, ce sont nos communicants spécialisés qui assurent la mission de communication externe, nous laissant ainsi nous concentrer sur la communication interne en direction de nos équipes. En la matière, le groupe doit savoir où il va, tout comme les unités d'intervention.

GF : Quid de la communication externe ? En situation de crise, on peut être assailli par la presse, par les familles de victimes, par les syndicats… Faut-il communiquer et si oui, avec qui et comment ?

DF : À notre époque où la transmission de l'information est à la fois immédiate et multicanale, il faut intégrer la communication externe au dispositif de gestion de crise. La cellule de crise ne peut pas fonctionner sans avoir en son sein une équipe ou une personne chargée de la communication vers l'extérieur et, notamment, vers la presse. La situation doit être connue de l'extérieur. Ne rien dire augmente inutilement la pression. Ce rôle est essentiel. Il faut aller au contact des médias, forger et porter un discours cohérent, déconstruire les *fake news*, agir en transparence et mettre en place un tempo de communication. Ne pas communiquer en crise est une erreur majeure, qui entraîne de la suspicion.

Ceci posé, j'observe, encore aujourd'hui, que la relation entre la presse et les cellules de crise n'est pas toujours bien organisée. Je prendrai deux exemples. En 1994, à Marignane, ce sont les débuts de l'information en continu. La chaîne de télévision LCI vient d'être créée. L'assaut à bord de l'Airbus est diffusé avec un léger différé. Les familles des gendarmes engagés ce jour-là écoutent les commentaires qui laissent entendre qu'il y aurait de nombreux morts parmi les membres du GIGN. Le traumatisme est immense. Vingt ans plus tard, en 2015, lors de l'opération de recherche des frères Kouachi, les journalistes des chaînes d'information en continu se sont approchés au plus près des colonnes du RAID et du GIGN, au risque de perturber fortement les opérations. Ce n'est pas responsable. Pour éviter de tels excès, il faut fixer des règles. Le responsable de la communication de crise doit faire des points réguliers pour alimenter la presse, qui a un besoin légitime d'informations. En contrepartie, les journalistes doivent éviter de se mettre en danger eux-mêmes, de mettre en danger les autres et en péril les opérations pour trouver les informations.

GF : On reproche à certains journalistes la recherche du sensationnalisme, y compris en situation de crise. Comment gérer leur insistance et leurs révélations parfois dommageables, voire dangereuses ?

DF : Lors de l'opération qui conduit à la neutralisation des frères Kouachi, dans l'imprimerie de Dammartin-en-Goële, nous avons mis en place une zone interdite à la presse : non pas que nous souhaitions dissimuler des choses mais la présence de la presse au-delà d'un certain périmètre mettait tout simplement en danger les journalistes et les opérateurs. À intervalle régulier, un communicant réalisait cependant un point précis et factuel pour alimenter la presse. Dans tous les cas, créer une relation de confiance avec la presse nécessite du temps. Les contacts doivent être établis en amont. Le monde médiatique se comporte de façon responsable dès lors que la parole qu'il reçoit des acteurs de la crise est franche. En revanche, la révélation d'une information sensible qui peut mettre en péril la vie d'une tierce personne est une faute.

JLF : Ne pas répondre à la presse crée effectivement de la suspicion. Il faut communiquer, mais il faut le faire avec méthode. Il est important de reprendre le contrôle et le rythme de la communication et, surtout, ne pas confondre urgence et précipitation. Le chargé de communication fixe des rendez-vous avec la presse et prépare des éléments de langage. Cela ne veut pas dire qu'il s'exprime en langue de bois, mais plutôt qu'il s'en tient à un exposé précis et factuel de la situation, en expliquant la difficulté du travail des opérateurs. Parfois, la pression médiatique complique la gestion de la crise, et il est vrai que certaines indiscrétions peuvent mettre en péril une opération. Lorsqu'on recherchait Jacques Mesrine avec le commissaire Broussard, les journalistes nous suivaient en permanence et cela compliquait notre travail. Plus tard, alors que j'avais quitté le 36, quai des Orfèvres, je me souviens que la révélation de l'identité de Guy Georges par la presse avait failli compromettre son arrestation. Les enquêteurs s'étaient cependant adaptés. La gestion d'un embargo n'est pas toujours possible. Dans le cas de l'arrestation d'Yvan Colonna, j'avais su entretenir des relations avec la presse qui avaient permis que l'opération ne soit pas éventée en amont. En contrepartie, nous avions partagé certaines informations avec quelques journalistes de confiance.

GF : Tout peut-il être dit en situation de crise ? Et à qui ? À la presse ? Aux autres membres de la cellule de crise ? Aux autorités ?

JLF : Évidemment non, tout ne peut être dit, car éventer certaines techniques réduirait notre efficacité lors des prochaines crises. D'autre part, si les médias doivent être traités en partenaires responsables, l'information faite aux membres de la cellule de crise, aux opérateurs et aux autorités peut être différente selon les priorités opérationnelles. Concernant les journalistes, il faut se poser une question simple : que veut la presse ? Le plus souvent, s'en tenir à un récit factuel suffit. Les détails n'ont pas à être dévoilés publiquement, surtout s'ils touchent au mode opératoire des unités d'intervention. Concernant les autorités, il ne faut rien dissimuler et ne jamais mentir. L'expérience nous apprend que le temps libère la parole et fait toujours remonter la vérité. En France, après la libération d'otages, le judiciaire reprend la main et travaille à la recherche de la vérité.

DF : Il y a plusieurs niveaux de réponse à ces questions. Concernant la communication d'ordre interne, nous l'avons dit, l'information doit être partagée en transparence entre les membres de la cellule de crise. Concernant la communication avec les autorités, il ne faut surtout pas tenter de cacher quoi que ce soit. Si nous rencontrons un problème, il faut l'évoquer et associer les autorités à la prise de décision. Concernant, enfin, la communication externe, il s'agit surtout d'exposer les faits et d'expliquer le dispositif de gestion de crise. En matière de communication de crise, il n'y a pas lieu de se perdre dans les détails et encore moins de verser dans le sensationnalisme. Tout ce qui est dit ne doit pas être contestable.

GF : Avez-vous été confrontés à des autorités qui bridaient volontairement la communication en situation de crise ?

DF : Lorsqu'on ne maîtrise pas bien la communication, la tentation est souvent de la limiter. Cela prouve la nécessité de disposer, en gestion de crise, d'un porte-parole dûment formé qui peut aller au contact de la presse avec des éléments de langage structurés et fiables. Après la crise, les médias veulent connaître les détails opérationnels et le commandant de l'unité d'intervention peut s'exprimer sans dévoiler des savoir-faire ni des techniques particulières. Il complétera alors l'action du porte-parole. Sa prise de parole répond également souvent à une attente des membres de l'unité, qui apprécient que celui qui s'exprime publiquement porte un message adossé à un vécu opérationnel.

JLF : La crise étant terminée, certaines autorités politiques peuvent être tentées de communiquer en premier. Dans un deuxième temps, ces mêmes autorités nous autorisent à informer le public sur notre action. Cette communication est en général bien perçue, surtout par nos équipes.

GF : Après la crise, les entourages peuvent poser des questions. Que dire aux proches ?

JLF : Après la crise, les premiers à qui on parle sont ceux qui ont participé à l'opération à nos côtés. Ce qu'on se dit alors ne relève pas du débriefing. Souvent, on se regarde et cela suffit à se comprendre. Ces instants de forte émotion sont naturels. Il participe du plaisir d'avoir été au combat et d'en être revenu. En sortie de crise ou d'intervention, se retrouver autour d'un petit-déjeuner ou d'un repas a toujours fait partie de la tradition. Le retour ensuite auprès de la famille correspond à des instants de décompression, et s'il est vrai que nous répondons à certaines questions, il faut bien admettre, en ce qui me concerne, que je préfère rester évasif. Les amis, eux, sont parfois inquisiteurs. Ils ne veulent entendre que le côté héroïque de nos actions, car ils refusent d'admettre nos fragilités. Dans ces moments-là, il est inutile de tenter d'expliquer certaines des difficultés rencontrées en mission.

DF : Tout de suite après un assaut, on ne se dit pas grand-chose. Le partage se fait en silence. À Marignane, nous nous sommes retrouvés sous le cockpit. Les poignées de main sont franches et veulent dire beaucoup. Nul besoin de parler. C'est un moment de fraternité d'armes et de décompression, pas un débriefing. Après chaque opération lourde, une courte information est faite à la famille pour la rassurer, mais la véritable communication ne pourra se produire que lors du retour au calme complet. La communication avec la famille dépend de chacun. De manière générale, les familles interrogent peu. La délicatesse de celles et ceux qui vivent avec les membres des unités d'intervention, c'est précisément de ne pas leur poser de question. C'est également vrai dans le cercle amical.

GF : Celui qui se sent fragile après une crise redoute parfois de l'exprimer de peur d'être écarté du collectif. Comment dire que l'on va mal sans pour autant avoir à redouter d'être mal jugé ?

DF : Sur une opération majeure, ce qui frappe, c'est le choc. Ce choc peut laisser des traces lourdes. Même les plus forts peuvent être déstabilisés. Sur les opérations extrêmes, les enjeux sont des enjeux de vie ou de mort. Être confronté à la mort peut laisser des traces évidemment profondes et des traumatismes qu'il faut accompagner. Quant à celui qui, temporairement, va mal pour des raisons personnelles ou familiales, c'est autre chose. Il doit s'exprimer sans peur auprès d'interlocuteurs compétents. Par ailleurs, la hiérarchie et le soutien médical décèlent très vite une situation anormale.

JLF : Dans les unités d'intervention, les difficultés émotionnelles sont beaucoup mieux prises en charge aujourd'hui. Par le passé, la blessure physique était héroïque tandis que la blessure morale était infamante. L'arrivée des psychologues dans les unités d'intervention a fait évoluer les mentalités. Quant aux difficultés temporaires d'untel ou une telle, les membres des unités d'intervention se connaissent tellement bien qu'ils savent les détecter. Par ailleurs, lorsqu'on vous désigne pour prendre la responsabilité d'une cellule de crise, l'objectif est de donner une identité au groupe. Le collectif doit primer et il permet d'accompagner tous les participants, notamment dans la gestion de l'anxiété. Enfin, celui ou celle qui n'est vraiment plus en état devra être remplacé, mais en douceur.

GF : En matière de gestion de crise, il arrive fréquemment que la séquence médiatique de la crise soit suivie d'une autre séquence, celle de la recherche des responsables. En tant que gestionnaire de crise, faut-il s'attendre à être régulièrement mis en cause ?

JLF : Comme le disait John Fitzgerald Kennedy : « La victoire a cent pères, mais la défaite est orpheline. » Au cours de ma carrière, j'ai souvent pu observer que, lorsqu'il y avait un incendie médiatique, les journalistes n'étaient pas toujours les seuls à souffler sur les braises ! J'ai même vu de véritables pyromanes en ceux qui, par ambition, voulaient prendre la place de telle ou telle personne et trouvaient dans la crise médiatique une excellente occasion d'écarter un rival. De manière générale, lorsque vient le temps des contestations, il faut s'expliquer en interne et communiquer en externe. Faire l'autruche n'est jamais une bonne option. Il faut aussi savoir reconnaître ses erreurs devant ses équipiers, l'exemplarité l'exige.

DF : Les crises sont des situations atypiques. Tout ce que l'on fait peut être contesté. Les événements sont souvent réinterprétés après coup et des critiques peuvent être émises. Dans ces moments, la bonne attitude ne consiste pas en une réponse au coup par coup. Il faut prendre le temps de tout mettre à plat et d'apporter une réponse globale. En France, pour le secteur public, le système des missions d'inspection permet de porter un regard fiable sur des faits complexes. Les accuser de partialité est un mauvais procès. Leur travail, dénué de complaisance, permet d'ausculter des situations en transparence. L'autorité judiciaire peut également diligenter une enquête et, dans ce cas, conformément au Code de procédure pénale, elle sera la seule habilitée à s'exprimer sur les investigations en cours. Bien sûr, après un événement majeur, certaines séquences médiatiques peuvent prendre de l'ampleur. Il peut s'avérer nécessaire de prendre la parole, mais sans ne jamais faire obstacle au travail d'enquête. Après le drame de Sivens en octobre 2014[9], alors qu'aucune conclusion d'enquête n'a été rendue, je suis, pour ma part, confronté à des attaques sévères visant la Gendarmerie nationale et à des mises en cause. La pression est forte et il n'est pas possible de rester inactif ou muet. Les gendarmes s'engagent et prennent des risques au quotidien. On ne peut les laisser être traînés dans la boue sans rien dire. Quand cela va trop loin, la voix d'un chef qui défend ses hommes porte et ne fait en rien obstacle à la manifestation de la vérité.

GF : Comment saviez-vous que c'était le bon moment pour prendre la parole ?

DF : En tant que directeur général de la Gendarmerie nationale, vous êtes en prise directe avec le terrain et avec ce que ressentent vos hommes. La Gendarmerie nationale est une force humaine. Il faut aller parler aux gendarmes. Il faut les écouter. C'est la seule façon d'apprécier la réalité des choses. Ensuite, quand on prend la parole pour les défendre, il faut le faire en sincérité et en transparence.

GF : Avez-vous le souvenir de mises en cause personnelles à l'occasion de crises et d'avoir eu à ferrailler dans la presse ?

---

9. Dans le cadre d'une manifestation contre le barrage de Sivens, un jeune militant, Rémi Fraisse, trouva la mort dans la nuit du 25 et 26 octobre 2014.

JLF : La communication se gère avec la même méthode que la crise. Il faut savoir prendre la main et ne jamais subir. Comme directeur du RAID puis du Service de protection des hautes personnalités, mais également en tant que directeur de cabinet du préfet de police de Paris, j'ai dû communiquer sur fond de polémiques à plusieurs reprises. J'ai aussi fait face à des mises en cause personnelles dans la presse. En m'appuyant sur les principes fondamentaux de la communication que sont l'honnêteté et la cohérence, j'ai toujours su répondre à des reproches. Lorsque je suis directeur de cabinet, je suis plus particulièrement en charge de la lutte contre le hooliganisme. Je prends des initiatives fortes et je fais interpeller un grand nombre d'entre eux avant les matchs. On m'a alors reproché d'avoir porté gravement atteinte aux libertés individuelles. Le préfet de police de l'époque, Michel Gaudin, m'a permis d'aller au-devant de la presse pour expliquer ma stratégie de réduction de la violence aux abords des stades. J'ai ainsi pu faire cesser les mises en cause et ce d'autant mieux que, sur le terrain, cette stratégie avait porté ses fruits.

GF : En entreprise, après une crise, le dirigeant peut avoir la tentation de ne pas communiquer pour rapidement « tourner la page ». En quoi n'est-ce pas la bonne attitude ?

JLF : C'est exactement ce qu'il ne faut pas faire ! Une fois la crise passée, les priorités du quotidien reprennent le dessus et la tentation de passer à autre chose est forte. Or, seuls les retours d'expérience permettent de progresser. Tourner simplement la page est une attitude inadaptée et pénalise gravement l'entreprise. Ces erreurs dans la gestion de la communication s'expliquent souvent par un stress mal maîtrisé. Il faut toujours parler en interne, surtout après une crise, d'autant que le chef d'entreprise qui ferait l'autruche après une crise raterait une excellente occasion de fédérer le collectif et de lui donner un nouveau souffle. Dans la vie d'une organisation, il faut parfois remotiver un collectif. L'après-crise en donne l'occasion.

DF : Le patron qui repartirait comme avant sans parler à personne commettrait une erreur lourde. Il ne maîtriserait plus rien en termes de communication interne et serait condamné à subir. La communication de sortie de crise est l'élément qui parachève la communication générale.

GF : Comment rassurer des salariés inquiets après une crise ? Que leur dire ?

JLF : Rassurer et protéger les salariés est la mission prioritaire d'un directeur Sûreté. S'il y a des inquiétudes après une crise, il faut les accepter puis trouver les moyens de les dissiper. Par exemple, à l'occasion du déménagement du siège de Veolia du XVIe arrondissement de Paris à Aubervilliers, une grande majorité de collaborateurs étaient inquiets. Beaucoup redoutaient d'être victimes d'agression. Pour les rassurer, nous les avons réunis dans un grand amphithéâtre et nous les avons écoutés. Nous leur avons ensuite expliqué la situation pour leur redonner confiance. Cette politique a parfaitement fonctionné et, depuis, d'autres entreprises nous ont rejoints à l'instar de Chanel, au printemps 2021.

GF : Pour finir, quels conseils donneriez-vous à un jeune cadre du secteur public ou privé pour qu'il ne commette pas d'erreur lourde de communication pendant une crise ?

DF : Le conseil que je peux lui donner, c'est de consacrer une partie de sa structure de gestion de crise à la communication. En cellule de crise, les communicants doivent être pleinement associés et préparer des éléments diffusables en interne comme en externe. La prise de parole doit rester courte, précise et sobre. Elle ne doit pas non plus être trop fréquente. Aujourd'hui, les exercices de média training sont des préparations efficaces. Ils permettent de gagner en clarté et en sincérité.

JLF : La communication ne s'improvise pas au dernier moment. Elle est une fonction essentielle pour le pilotage de la crise et, plus généralement, pour interagir avec son équipe. Communiquer, informer et partager est essentiel. Par ailleurs, suivre des cours de média training pour éviter certaines erreurs est utile. Être soi-même et, surtout, rester honnête, permet de maîtriser sa communication. Il n'y a rien de pire que la grandiloquence ou les postures inadaptées.

Chapitre VIII

Débriefer

Guillaume FARDE (GF) : Après la crise vient le temps du débriefing, où ceux qui ont eu à la gérer évoquent ce qui a fonctionné et ce qui, le cas échéant, n'a pas été optimal. Cette étape de l'après-crise permet aussi de capitaliser de l'expérience pour la gestion des crises futures.

Ma première question porte sur le moment de ce débriefing. Quand la crise est terminée, quel est le bon moment pour débriefer ?

Denis FAVIER (DF) : Sur les opérations de haute intensité, après le choc d'une intervention, il y a un temps de décompression lors duquel un premier débriefing à chaud est réalisé. Cela permet de faire un point de situation, avant tout sur les hommes puis sur les matériels. Cela permet aussi de revenir brièvement sur ce qui s'est passé et de recueillir les premières impressions de ceux qui se sont engagés. Le débriefing à chaud peut être réalisé très vite après l'intervention, sur le lieu même où elle s'est déroulée. C'est d'ailleurs un excellent moyen d'évacuer le stress. Le débriefing à chaud vient assez naturellement après un engagement intense, car chacun ressent le besoin de parler. On ne rentre pas dans des considérations techniques et on commence à extérioriser. Ensuite vient le moment du débriefing à froid, le véritable débriefing, une fois que la pression est retombée. Il permet de revenir plus en détail sur l'opération. C'est ce second débriefing qui apporte les véritables enseignements. Il doit être préparé et il n'est pas bon de le précipiter. Sur les opérations lourdes, il faut parfois se donner quelques jours, voire quelques semaines, pour le réaliser. Dans tous les cas, il faut le préparer. Sans préparation, le débriefing à froid tourne au fiasco.

GF : Est-ce similaire en entreprise ?

Jean-Louis FIAMENGHI (JLF) : En entreprise, j'ai constaté qu'il existe une confusion fréquente entre « débriefing » et « réunion », comme si une simple réunion pouvait tenir lieu de débriefing. Convoquer une réunion ordinaire où le manager parle, où les collaborateurs écoutent, et dont il ressort une *to do list* avec des dizaines de points, ce n'est pas un débriefing. Le débriefing se prépare, comme l'a souligné Denis. Il obéit à des règles précises de circulation de la parole et il débouche sur des actions concrètes. D'autre part, en entreprise, j'observe que le débriefing est parfois conduit de façon émotive et que celui qui l'anime a du mal à trouver le bon positionnement, souvent pour des raisons qui tiennent à l'ego. Or, donner la parole à tout le monde est absolument essentiel. Concernant le meilleur moment pour réaliser le débriefing, d'expérience, je conseille de le faire rapidement. Cela n'interdit pas, bien au contraire, d'en réaliser un second, plus tard, mais il ne faut pas non plus attendre des mois. Passé un certain délai, le retour d'expérience perd en intérêt et on ressasse plus qu'on analyse. Au sein des unités que j'ai eu l'honneur de commander, c'était très différent. Le premier petit-déjeuner, déjeuner ou dîner que nous prenions ensemble en sortie de crise permettait de recueillir les réactions à chaud et d'identifier ce sur quoi il nous faudrait travailler lors du débriefing. La culture professionnelle n'y est tout simplement pas la même.

GF : Comment bien organiser le débriefing ?

DF : La culture du débriefing est d'essence anglo-saxonne. Dans l'approche française, la crainte de fragiliser l'autorité explique les réticences à mettre les choses à plat dans le cadre d'un débriefing. Certains d'entre eux sont très difficiles à réaliser, notamment quand les opérations sont complexes. À la suite de l'assaut mené à Marignane en 1994 ou de celui qui conduisit à la neutralisation des frères Kouachi à Dammartin-en-Goële en 2015, le débriefing n'est pas simple du tout. En termes de méthode, je recommande d'être factuel et de rester au plus près de l'opération, sur les bases les moins contestables possibles. À cet égard, la présentation chronologique est un excellent canevas. La montre ne ment pas, d'où l'importance de tenir une main courante à la minute près en cellule de crise. En débriefing, le chef peut suivre une trame chronologique pour engager la discussion.

GF : Concernant les participants, faut-il réunir tous les acteurs de la crise ou vaut-il mieux débriefer par petits groupes ?

DF : Le débriefing est un exercice collectif. Il ne peut être mené dans l'entre-soi. Les débriefings segmentés, par entités, sont dangereux car ils privent d'une vision globale. Il peut, bien sûr, arriver que le chef d'une équipe ou d'une unité particulière débriefe à son niveau et sur un registre technique. En revanche, le débriefing général doit inclure tous les participants.

JLF : Le premier débriefing doit réunir tous les acteurs de la crise. Ensuite, lors du débriefing à froid, et sans tomber dans le piège de la fragmentation, des comptes rendus techniques des groupes plus spécialisés (par exemple ceux qui occupent des postes de commandement opérationnels ou des postes techniques) peuvent analyser des pratiques ou des erreurs très spécifiques à leur domaine d'expertise. Ainsi, au sein d'une unité d'intervention, la cellule « Effraction » ou les tireurs de haute précision peuvent se réunir pour évoquer des problématiques particulières, liées à leur spécialité. Mais ce travail ne se substitue pas au débriefing général. Il le complète.

GF : Vous avez, l'un et l'autre, évoqué deux niveaux de débriefing, le premier, immédiat et court, et le second, plus tardif et plus long. Puisque le débriefing à froid peut s'organiser en réunions successives, quand y mettre un terme ?

JLF : Il y a toujours un terme à tout. Passé un certain nombre de réunions, il est indispensable de dégager certaines priorités pour les intégrer rapidement dans nos procédures. La notion de temps est fondamentale. Le rythme de la crise est ternaire : préparation, action, débriefing. Si on passe trop de temps sur le débriefing, on nuit au temps de préparation.

DF : Pour les opérations très lourdes, le débriefing est rarement complet. Il faut bien comprendre que, lorsqu'on est au cœur de l'action, il est impossible d'avoir une vue complète et exacte. La reconstitution précise du déroulé des événements n'est pas toujours possible. Nous n'avons ainsi jamais pu totalement débriefer l'assaut à Marignane. Le choc était trop fort. Pour tenter de disposer de l'exacte vérité sur qui a fait quoi, nous nous y sommes repris à trois fois et nous n'y sommes pas parvenus. Pour certaines opérations, il faut accepter le fait qu'on ne pourra aller au bout du débriefing et qu'à un moment, il faudra bien continuer d'avancer.

GF : Faut-il associer au débriefing des personnes qui n'ont pas participé à la gestion de crise mais qui, en temps normal, auraient été amenées à le faire ? Par exemple, celles qui étaient en congé le jour de l'opération ?

DF : Chaque unité a ses particularités. Lors d'une opération, il y a ceux qui y participent et ceux qui ne peuvent pas y être, car il faut continuer à assurer une alerte. Ceux qui n'en sont pas ne le vivent pas nécessairement très bien. Si on ajoute à la frustration d'être restés en retrait celle de ne pas participer au débriefing, cela risque de fragiliser le collectif. Il est donc préférable d'associer tout le groupe, mais ceux qui n'ont pas participé vont rester dans une posture d'écoute. Par exemple, dans le cas du décès d'un membre de l'unité en intervention, ceux qui n'étaient pas présents sur l'opération vont ressentir le besoin d'assister au débriefing pour comprendre ce qui s'est passé. En entreprise, les enjeux ne sont pas de même nature, et le débriefing n'est pas largement ouvert. Dans tous les cas, il débouche sur un document comportant des préconisations.

JLF : Le débriefing ne peut pas être trop ouvert, surtout au début et notamment pour les opérations qui se sont mal passées. La présence de ceux qui étaient en congé pendant la crise ou l'opération n'est pas nécessairement souhaitable au départ. Lorsque les crises ou les opérations se sont mal passées, les erreurs commises sont évoquées en débriefing. Je pense donc qu'il vaut mieux ne le faire qu'avec les personnes qui y ont participé. Ensuite, dans un deuxième temps, on peut élargir davantage.

GF : Lors d'un débriefing, quel est l'ordre des prises de parole ?

DF : Le chef parle en premier, c'est son rôle. Il lance l'exercice sur une base factuelle, généralement chronologique. Ensuite, la parole est assez libre dans les unités d'intervention. Chacun livre facilement sa version des choses.

GF : Chaque participant doit-il nécessairement s'exprimer ?

DF : La prise de parole n'est pas obligatoire. Il y a ceux qui étaient mal placés et qui n'ont pas vu les choses. D'autres sont simplement satisfaits de ce qui est dit. Nulle obligation à prendre la parole. Le but est de disposer, à la fin, d'un narratif le plus précis possible, qui tienne compte des vues des uns et des autres. Cela implique, bien sûr, de se parler, mais il n'y a pas lieu de rechercher la prise de parole à tout prix.

JLF : Lors d'un débriefing, j'incite tout le monde à parler. Il vaut mieux que les choses soient dites sur le moment. Cela évite de ressasser ou de laisser la rancœur s'installer. La ventilation et l'expression des émotions sont nécessaires. À cet égard, le rôle du chef est non seulement de fixer le cadre des discussions, mais aussi de susciter les prises de parole. Si l'on ne partage pas ces moments avec l'équipe, le collectif s'effondre. Pendant le débriefing, la prise de parole est un droit et je dirais même un devoir, tout comme l'est le questionnement avant une opération ou une gestion de crise. Le chef a un rôle d'animateur en quelque sorte. Si les débats sont trop véhéments, il lui appartient aussi de rappeler les principes d'écoute et de calmer les caractères forts, au besoin en faisant preuve d'humour.

GF : Dans les unités d'intervention, la parole semble effectivement très libre, mais en entreprise, comment surmonter les inhibitions liées aux personnalités, à l'inexpérience ou encore au positionnement hiérarchique ?

DF : Il faut diffuser la culture du débriefing en entreprise en incitant davantage à l'expression. Il revient au chef de la cellule de crise de donner la parole à tous ceux qui ont contribué à la gestion de la crise. Cela implique aussi de développer une aptitude à accepter les critiques, notamment pour ceux qui exercent des responsabilités managériales. Le débriefing est une école d'humilité.

JLF : Il ne faut pas attendre d'être face aux crises pour instaurer une culture du débriefing. Chez les Anglo-saxons, le débriefing est très répandu. En France, il faut s'y former davantage, notamment pour réduire les ego et casser les biais. Faire travailler les gens entre eux en amont reste la meilleure façon d'y parvenir. Par l'instauration du droit à l'erreur, on fait progresser le collectif, et l'instauration du principe « Pas de nom, pas de grade » permet généralement de valoriser les retours d'expérience.

GF : Si des mots durs sont échangés lors d'un débriefing, comment s'assurer que cela n'altère pas durablement les relations de travail ?

DF : Il faut faire la part des choses entre la forme et le fond. Il n'y a pas de place pour les prises à partie personnelles lors d'un débriefing. La crise est une succession de difficultés et des erreurs peuvent être commises au fil du temps. Mais elles ne constituent pas des fautes. Les erreurs doivent être examinées collectivement dans le but de s'améliorer collectivement. Il ne faut pas tout prendre pour soi.

JLF : Il peut y avoir des mots durs, mais ils ne doivent pas viser les personnes. Chacun peut commettre des erreurs, y compris le chef. Ce qui compte, c'est l'intérêt général, et c'est la raison pour laquelle il faut sortir du débriefing avec un relevé de décisions. De même, avant chaque débriefing, l'objectif majeur doit rester celui du collectif pour continuer à susciter l'adhésion de tous.

GF : Au cours de vos carrières respectives, avez-vous vécu des débriefings particulièrement houleux ?

JLF : Les débriefings houleux ne sont pas inquiétants en soi. Ils offrent souvent une opportunité au chef de reprendre la main pour ressouder le collectif autour des fondamentaux. Lorsque j'étais affecté à la BRI, nous avons participé à une intervention en renfort des policiers de la 4e BT pour l'arrestation d'une équipe de braqueurs de bijouterie. Ne connaissant ni les policiers locaux, ni les malfaiteurs, un fonctionnaire de la BRI a tué par accident un collègue de la 4e BT au cours de l'arrestation. Les débriefings de cette opération ont été difficiles, mais nous sommes parvenus tant bien que mal à retravailler ensemble. Après cette tragique intervention, il a été décidé d'équiper tous les fonctionnaires de police d'un brassard lors des arrestations.

DF : J'ai également vécu un débriefing particulièrement difficile. En 1997, nous sommes chargés de l'arrestation d'une équipe de braqueurs armés qui pillent des résidences de luxe dans le Sud de la France. Nous prenons la décision de les interpeller en mouvement sur une aire d'autoroute en bloquant leurs véhicules à l'aide de semi-remorques. Durant l'opération, l'opérateur en charge de manœuvrer un semi-remorque le positionne 50 centimètres trop en avant, si bien que les malfaiteurs parviennent à nous échapper en se faufilant à l'arrière du poids lourd. L'opération est un échec. Lors du débriefing à chaud, le groupe reproche à l'opérateur en charge de positionner le semi-remorque d'avoir commis une erreur. Le débriefing est dur et sans complaisance, mais c'est à ce prix-là qu'on progresse.

GF : Vous souvenez-vous de débriefings qui ont été décisifs lors de crises ultérieures ?

DF : Beaucoup le sont, surtout pour les opérations réussies ! Car quand l'opération a réussi, on examine d'autant mieux ce qui n'a pas parfaitement fonctionné. Les débriefings font progresser sur de nombreux segments : l'armement, les techniques à utiliser, etc. C'est pour cela que les débriefings se préparent. On ne s'y présente jamais les mains dans les poches. Il y a une analyse préalable, puis une synthèse à conduire qui permettra de mettre à jour les procédures.

JLF : Tous les débriefings sont utiles pourvu qu'on en dégage tout de suite des axes d'amélioration concrets. Le retour d'expérience doit être concret. Les transformations doivent également être tangibles à court terme, et rapidement retranscrites dans les pratiques opérationnelles. D'ailleurs, le produit des débriefings est utile non seulement pour l'unité qui a mené l'opération, mais aussi pour les autres unités. Le RAID et le GIGN partagent leurs retours d'expérience. De même au niveau européen, notamment au sein du groupe Atlas, nous échangeons avec les unités d'intervention des pays partenaires. Les partages d'expérience sont indispensables et permettent de s'adapter aux nouvelles formes de banditisme et de terrorisme.

GF : Quels conseils donneriez-vous à un jeune cadre qui doit animer un débriefing pour la première fois ?

DF : Je lui conseillerais en premier lieu d'aborder l'exercice avec humilité. Ensuite, je lui suggérerais de guider l'exercice sans être trop directif, car il faut laisser les participants s'exprimer. Enfin, il lui faudra synthétiser, établir un relevé de décisions et mettre en œuvre assez vite les premiers changements. Quand il n'est pas possible de réunir tout le monde, les outils informatiques peuvent aider, notamment pour recueillir les idées de collaborateurs trop nombreux ou trop éloignés.

JLF : Je lui conseillerais, quant à moi, de développer sa capacité d'écoute. Le monologue du chef est la pire des choses ! D'autre part, il faut ressortir du débriefing avec du concret et des mesures à mettre en œuvre immédiatement. Le « faire » plutôt que le « dire » ! Enfin, je lui suggérerais de toujours privilégier le collectif, de reconnaître le droit à l'erreur et de ne pas avoir peur d'être remis en cause. L'humilité doit primer sur l'ego.

Chapitre IX

S'adapter

Guillaume FARDE (GF) : Après le débriefing vient le temps de la préparation de la crise d'après. Ce temps de préparation et de planification se traduit, le plus souvent, par la mise à jour des procédures voire, dans certains cas, par des transformations plus lourdes. En cela, ce chapitre interroge la notion de changement. « Que changer ? », « Comment conduire le changement ? », « Comment le faire accepter par tous ? » sont autant de questions que le manager est amené à se poser.

Dans le chapitre précédent, vous avez insisté sur la nécessité d'engager des transformations très vite après la sortie de crise. Pourquoi est-il impérieux d'aller vite ?

Jean-Louis FIAMENGHI (JLF) : Parce que le « faire » prime sur le « dire », et l'action sur les palabres. Après une crise, il faut montrer très vite qu'on tient compte des échecs comme des succès et qu'on en intègre les enseignements dans les procédures. Celles-ci sont le capital issu de nos expériences collectives et il ne faut jamais cesser de les nourrir. Chaque crise appelle des transformations, même minimes. L'entraînement, l'opération et le débriefing forment un cycle que l'on alimente. Adapter les entraînements tout de suite après les débriefings permet de maintenir cette dynamique.

Denis FAVIER (DF) : Le changement prolonge le débriefing. Des actions simples peuvent être mises en œuvre très vite. Ensuite, il y a des actions de fond, qui nécessitent plus de temps. En la matière, ce n'est pas tant l'action que la réflexion qu'il faut engager rapidement. Après notre intervention à Marignane, en 1994, nous nous rendons bien compte que nous avons atteint la limite de nos capacités opérationnelles : si une seconde prise d'otages aérienne avait eu lieu aussitôt après, nous n'aurions pas pu y faire face en mettant en œuvre le même mode opératoire. Nous engageons donc très vite une réflexion sur le dimensionnement d'une unité telle que le GIGN pour faire face à des crises complexes et à des terroristes déterminés, organisés et lourdement armés. À l'occasion, la réflexion peut être alimentée par des exemples étrangers. En 2002, la prise d'otages par des terroristes dans le théâtre Doubrovka, à Moscou, dure quatre jours et demeure marquée par la mort de 128 otages. Deux ans plus tard, en 2004, dans le cadre de la seconde guerre de Tchétchénie, la prise d'otages de l'école de Beslan dure trois jours et conduit à la mort de 334 personnes, dont 186 enfants, et à 783 blessés. En France, nous comprenons que nous devons nous adapter à ces nouvelles menaces que sont la prise d'otages de masse et les attentats multiples. Cela appelle des réformes lourdes, qui doivent s'appuyer sur une réflexion solide.

GF : Selon la théorie des organisations, le changement se heurte à des résistances et à des conservatismes. Est-ce vrai pour les unités d'intervention ?

JLF : Changer implique de sortir de sa zone de confort. Il peut y avoir des résistances, et cela vaut aussi pour les unités d'intervention. Lorsque Nicolas Sarkozy confie au RAID la recherche d'Yvan Colonna, nous décidons de faire évoluer l'unité de l'intervention vers la surveillance. Cette transformation n'est pas facilement acceptée au départ. Des opérateurs disent ne pas avoir signé pour ça et redoutent de ne plus avoir suffisamment de temps pour s'entraîner aux techniques d'intervention. Dans ces moments-là, le rôle du chef est essentiel. Il lui revient de conduire la transformation en donnant du sens au changement.

DF : Contrairement aux idées reçues, je dirais que les résistances au changement sont bien plus fortes au sein des unités d'élite qu'ailleurs, car au sein de ces unités, l'esprit de corps est particulièrement développé. La sélection est extrêmement difficile, et crée un attachement viscéral au nom de l'unité et au brevet obtenu à l'issue d'une longue et exigeante formation. Le sentiment d'appartenance est puissamment enraciné. De fait, si de petites réformes sont possibles, les réformes de plus grande envergure sont plus difficiles à mener. En 2007, lorsqu'il me faut réformer en profondeur le GIGN pour l'adapter à l'évolution de la menace et développer de nouvelles capacités, les résistances sont fortes. Conduire cette transformation suppose de l'engagement et de la méthode. Cela suppose aussi de prendre du temps pour analyser les réticences, les apaiser puis les lever progressivement. Avancer pas à pas, avec détermination mais sans brusquer est essentiel. Faire autrement eût été impossible tant le sujet était sensible.

GF : Comment réussir à distinguer les crises de rupture de celles qui n'entraîneront pas de changement majeur ?

DF : Dans le domaine du contre-terrorisme, cette distinction s'impose nettement. En 1972, la prise d'otages de la délégation israélienne par des terroristes à l'occasion des Jeux olympiques de Munich est une crise de rupture. Elle entraîne d'ailleurs la création du GIGN en 1974. Vingt ans plus tard, la prise d'otages de l'Airbus d'Air France à Alger est une nouvelle crise de rupture. Elle entraîne, quelques années plus tard, le redimensionnement du GIGN que je viens d'évoquer. Dans les années 2000, les attentats du 11 septembre 2001 à New York, les prises d'otages de masse à Moscou et à Beslan, puis les attentats multi-sites de Bombay sont également des crises de rupture. Après chacune d'entre elles, nous réadaptons nos modes opératoires.

JLF : Les changements ne résultent pas toujours de crises majeures, car les unités d'intervention se transforment jour après jour selon la méthode des petits pas. Après la prise d'otages lors des Jeux olympiques de Munich, seuls les BRI et les GIPN (les Groupes d'intervention de la police nationale) étaient autorisés à intervenir pour conserver la même technique de gestion de crise. L'évolution du terrorisme djihadiste a rebattu depuis les cartes. Aujourd'hui, pour faire face à l'urgence de la neutralisation des terroristes, le ministre de l'Intérieur a privilégié l'intervention des primo-intervenants (policiers et gendarmes, mais déjà spécialisés aux techniques d'intervention sur le grand banditisme) avant l'arrivée du RAID ou du GIGN. Il en va de la vie des otages.

GF: Les attentats multi-sites du 13 novembre 2015 sont, en cela, une crise de rupture. La rédaction du Schéma national d'intervention qu'ils ont provoquée est donc typique d'une transformation post-crise?

DF: Oui, totalement. Dès janvier 2015, nous travaillons à nous adapter aux mutations de la menace terroriste et, surtout, à approfondir encore la coopération interservices. L'attentat de *Charlie Hebdo* puis celui du Bataclan entraînent des changements lourds. Après l'attentat de *Charlie Hebdo*, les terroristes s'enfuient et nous conduisons surtout une opération de recherche d'envergure puis de neutralisation. L'attentat du Bataclan est de nature différente. Nous sommes confrontés à une tuerie de masse: les terroristes tirent, tuent, se retranchent et attendent l'arrivée des forces d'intervention pour les combattre. Il n'y a plus de négociation possible. En 2016, le Schéma national d'intervention change les protocoles d'action des primo-arrivants, qu'il faut donc former à intervenir en attendant les unités spécialisées. Ce changement est majeur et contraire à toutes les pratiques précédentes. Très vite, il faut être en mesure de mettre un coup d'arrêt, par le feu, à l'action des terroristes. C'est désormais le rôle des primo-intervenants. Il a fallu redéfinir l'esprit même de l'intervention et former, entraîner, protéger et équiper les personnels. Il n'y a pas eu de réticence majeure, à l'époque, dans les rangs des forces de sécurité. Au regard de l'intensité de la menace, chacun avait conscience que le sens de sa mission pouvait le conduire à affronter des terroristes le temps qu'une unité d'intervention spécialisée vienne l'appuyer.

GF : Dans les administrations comme dans les entreprises, quel regard portez-vous sur l'action des partenaires sociaux en matière de conduite du changement ?

DF : La Gendarmerie nationale ne compte pas de syndicats, mais il y a des instances de concertation. Ce sont des relais utiles lorsque, pour donner du sens à une réforme, il faut faire porter des messages et rassurer. Ce temps de la consultation et de la pédagogie est essentiel. J'ai pu constater que, lorsque ce temps était pris, les réformes se conduisaient globalement bien. Par exemple, lors de la réforme du GIGN en 2007, il convenait de bien montrer en quoi la mutation de la menace imposait une réforme profonde. Au regard des enjeux opérationnels, le GIGN ne pouvait plus rester une unité de taille intermédiaire.

JLF : J'ai connu les syndicats dans la Police nationale et j'en connais actuellement au sein de Veolia. J'y relève des constantes, comme l'accompagnement des personnels dans l'amélioration de leurs conditions de travail. J'ai aussi perçu à quel point les enjeux syndicaux sont de nature politique. Les délégués avec lesquels nous échangeons sont des mandataires, et nous l'oublions parfois. Au cours de ma carrière, j'ai vécu des situations où les partenaires sociaux étaient un frein, notamment quand j'ai eu pour projet de fusionner les GIPN et le RAID, ce qui finira par se faire peu de temps après mon départ de l'unité. Chez Veolia, le groupe étant international, j'ai surtout mesuré les écarts de culture syndicale d'un pays à l'autre. Par exemple, contrairement à nous, Français, les Anglo-Saxons acceptent la géolocalisation des voyageurs d'affaires en zone sensible à partir du téléphone portable du salarié. En France, les syndicats restent timides face à ces nouvelles mesures de protection des salariés voyageant dans des pays dangereux.

GF : Le chef qui a commandé une opération qui s'est mal passée est-il le plus à même de conduire des changements ?

DF : S'il s'agit de petits changements au niveau de l'unité, il pourra sans doute les entreprendre. S'il s'agit de changements lourds, ça lui sera particulièrement difficile. La réussite de la conduite du changement repose sur la légitimité du chef. Si elle est altérée, que ce soit en raison d'une opération qui s'est mal passée ou pour tout autre motif, sa capacité à conduire le changement sera très réduite, pour ne pas dire inexistante.

JLF : Le changement n'est possible que si les hommes saisissent le sens de la réforme. Le chef est, par conséquent, la personne clé. S'il est affaibli ou n'est pas en situation de porter la réforme, il est peu probable qu'elle voit le jour.

GF : Inversement, l'autorité politique qui attend des changements doit-elle nécessairement changer les chefs ?

JLF : Couper des têtes pour couper des têtes ne mène à rien. Un chef est en place pour des raisons qui tiennent à ses qualités et à son expérience. Il vaut mieux s'appuyer sur lui pour conduire la réforme. Elle a ainsi plus de chances d'aboutir. Autrement, on additionne les résistances au changement : celle liée à l'éviction trop brutale du chef s'ajoute à celle liée à la réforme elle-même. Mais la raison est parfois balayée, il est vrai, par des considérations politiques.

DF : Si le limogeage d'un chef était le préalable à toute réforme, il n'y aurait jamais eu de grande transformation. Le politique ne peut pas agir avec brutalité et remplacer tout le monde. Il indique plutôt une intention générale et les chefs opérationnels la déclinent sur la base de leur connaissance de l'organisation à laquelle ils appartiennent.

GF : Que faire si on perd le soutien de sa hiérarchie, effrayée par les résistances, après avoir initié des changements ?

JLF : J'ai fait l'expérience de ce cas de figure, sans pour autant mal le vivre. L'intégration des GIPN (relevant de la direction de la Sécurité publique) au sein du RAID était nécessaire, et cela a d'ailleurs été fait quelques années plus tard, mais lorsque j'ai travaillé sur ce projet, les syndicats représentant la Sécurité publique n'y étaient pas favorables. Le ministre de l'Intérieur de l'époque a donc fait machine arrière. Ce n'était pas un désaveu personnel, mais simplement la marque que le ministère de l'Intérieur est sans doute soumis aux aléas politiques plus que d'autres. J'ai d'ailleurs compris cette décision comme l'expression d'une volonté politique de ne pas vexer la Sécurité publique, eu égard à son investissement dans la lutte contre les violences urbaines de 2005.

DF : Lorsque le politique recule, c'est souvent parce que la réforme est mal préparée et mal conduite. La concertation est essentielle. Pour réussir, la conduite du changement doit être dénuée de brutalité.

GF : Avez-vous l'un et l'autre rencontré des chefs qui vous ont transformés ?

JLF : Nicolas Sarkozy a été un chef marquant pour moi. Il l'a d'abord été lors des émeutes urbaines de 2005 en engageant le RAID sur le terrain. Ce n'est pas, bien sûr, la vocation première du RAID d'intervenir sur des violences urbaines, mais lorsque nous arrivions dans certains quartiers très sensibles la nuit, cela remontait considérablement le moral des unités de sécurité publique. Ce n'était pas, en soi, une transformation ou une réforme, mais cela demandait tout de même de casser les codes dans un contexte de crise. Plus tard, à partir de 2007, j'ai soutenu la politique Nicolas Sarkozy concernant la réduction des effectifs de la fonction publique. Cette réforme était courageuse, mais fut mal appliquée. Alors qu'elle devait toucher tous les ministères, la réduction n'a porté principalement que sur les effectifs de police et de gendarmerie qui faisaient déjà face, hélas, à une insécurité et à une violence croissantes. Certains bataillons de fonctionnaires d'autres ministères se sont satisfaits de leur immobilisme. Dans un tout autre contexte, j'ai pu apprécier la méthode avec laquelle Antoine Frérot, le PDG de Veolia, a initié le rapprochement avec Suez après la réorganisation du groupe en 2012. Il a engagé cette transformation majeure en tacticien. En cela, il a été à la fois visionnaire, transformateur et inspirant.

DF : Les véritables réformateurs sont rares, en réalité. Beaucoup conduisent des changements qui ne sont, en fait, que cosmétiques. Ceux qui initient des réformes lourdes sont bien moins nombreux. Ceci posé, j'observe une différence de taille entre les mondes privés et publics. Dans le monde public, le chef est normalement le politique. Il est en place pour un temps court, et cela restreint sa capacité à réformer, d'autant que les administrations perdurent. En entreprise, le PDG est en fonction pour un temps généralement plus long. Cela lui permet de s'installer et de prendre le temps d'engager des transformations majeures, notamment parce qu'il est en prise directe avec son entreprise.

GF : Denis Favier, lorsque vous étiez directeur général de la Gendarmerie nationale, vous avez transformé cette institution en la tournant vers les opérations. Comment vous y êtes-vous pris ? Avez-vous rencontré des résistances et, le cas échéant, comment y avez-vous fait face ?

DF : Au moment où je deviens directeur général de la Gendarmerie, ma carrière a été essentiellement marquée par les opérations. J'ai l'expérience de ce domaine et je mesure bien, dans un contexte de menace terroriste très élevée, que le citoyen attend de la Gendarmerie qu'elle produise de la sécurité. Cela impliquait de dégager le gendarme de certaines missions non opérationnelles et de le recentrer sur son cœur de métier. Ce repositionnement n'a pas appelé de résistance interne, bien au contraire. Les réticences furent externes, et il m'a fallu parfois être très ferme pour faire cesser des sollicitations de la Gendarmerie nationale pour des missions périphériques. Ce recentrage sur les missions opérationnelles a renforcé le sentiment d'utilité des gendarmes, qui se sont tous inscrits dans la dynamique de réforme que nous impulsions à la direction générale.

GF : Jean-Louis Fiamenghi, vous avez créé *ex nihilo* la direction de la Sûreté du groupe Veolia. Vous avez ainsi contribué à la diffusion de la culture sûreté au sein d'un groupe qui, jusqu'à votre arrivée, n'était que faiblement organisé en la matière. Comment vous y êtes-vous pris et avez-vous rencontré des résistances ?

JLF : Dès mon arrivée à ce poste, j'ai rejoint le Club des directeurs Sûreté des entreprises (CDSE), dont je suis devenu le vice-président. J'ai ainsi pu échanger avec mes pairs, certains étant d'ailleurs bien plus anciens que moi, et me nourrir de leur expérience. J'ai assez tôt pris conscience qu'une direction de la Sûreté, à l'échelle d'un groupe de la taille de Veolia, devait s'articuler autour de plusieurs axes forts : la sécurité des personnes et des biens, les enquêtes et la cybersécurité, ainsi que la gestion de crise, dont beaucoup se disaient experts sans être expérimentés en la matière. Nous avons énormément échangé avec Antoine Frérot qui, après avoir écouté et analysé mes propositions, les a validées. Le plus dur restait cependant à faire car, même si l'aval du PDG est une première étape indispensable, la route ne s'arrête pas là. Il me fallait ensuite convaincre les grandes directions du groupe qui, à l'origine, considéraient la direction de la Sûreté davantage comme un centre de coût que comme un centre de profit.

Avoir été chef du RAID puis préfet n'impressionne personne en entreprise. Les membres du comité exécutif vous jugent sur des résultats concrets. Il m'a donc fallu démontrer pas à pas la valeur ajoutée de la direction de la Sûreté. Aujourd'hui, sa plus-value n'est plus à démontrer, mais ce n'est certainement pas une raison pour cesser de se remettre en question.

GF : Au sein des administrations comme des entreprises, certains managers préfèrent ne pas conduire de réforme de peur de leurs conséquences sur leur carrière. Que diriez-vous à un manager pour le convaincre de ne pas craindre de mettre en œuvre des transformations, surtout en sortie de crise ?

DF : Il faut bien comprendre que, sans réforme, les organisations sont globalement condamnées. Rien n'est jamais inscrit dans le marbre. L'immobilisme peut tout simplement conduire à la disparation. Sans chercher la réforme à tout prix, la nécessité de s'adapter doit être dans l'esprit de tout le monde. De manière générale, quand on évolue dans un système, on est conscient de ses points forts et de ses points faibles. On en mesure les dysfonctionnements et les limites. On est donc lucide sur la nécessité du changement. Ce qui compte, dans toute réforme, c'est avant tout de donner un cap compréhensible de tous et de présenter un projet lisible. Le manque de lisibilité suscite de l'inquiétude, et cela bloque souvent toute réforme. Ensuite, concernant le choix du moment, il peut y avoir une part d'opportunisme au sens positif du terme. Le chef doit saisir les opportunités pour lancer une réforme qu'il a mûrie et que les circonstances lui permettent de mettre en œuvre. D'ailleurs, concernant la conduite du changement, la question de la gestion du temps est centrale : le dirigeant veut souvent aller trop vite. Or il faut, à l'inverse, ne pas heurter les personnes. Pour être bien conduit, le changement doit être cadencé. Il est donc nécessaire de mettre en place un plan d'action et de s'appuyer sur des échéances régulières pour obliger au mouvement. La concertation reste, bien sûr, un paramètre essentiel et, à toutes les étapes, il est bon d'associer toutes les parties prenantes à travers des groupes de travail et la réalisation de sondages formels ou informels. Enfin, il faut être déterminé et opiniâtre. La conduite du changement nécessite d'être constant dans l'effort, de tenir son cap et de ne pas céder aux pressions, sans pour autant manquer d'écoute.

JLF : Comme la crise, la mise en œuvre de transformations est source de stress. Pour prendre l'exemple d'une entreprise, je comprends que le rapprochement entre Veolia et Suez puisse inquiéter certains. Mais il ne faut pas redouter les situations de changement, au contraire. Il faut s'en emparer pour chercher des opportunités de progression. Un manager peut, par exemple, profiter d'un rapprochement entre deux groupes pour revoir des procédures et des points spécifiques de son organisation à son niveau. Dans tous les cas, il est nécessaire de rester en mouvement, d'écouter son équipe et d'emmener tout le monde derrière soi.

Conclusion

Transmettre

Guillaume FARDE (GF) : Ce chapitre conclusif est consacré à la transmission de l'expérience et des savoirs acquis lors de la gestion des nombreuses crises qui ont jalonné vos carrières respectives. Il met en lumière les valeurs, les savoir-faire et les savoir-être transmissibles aux entourages professionnels, et analyse les différentes modalités de cette transmission.

Au moment de transmettre un héritage, il n'est pas rare que l'on se réfère à celui que l'on a soi-même reçu. À cet égard, la place des entourages, et notamment de la famille, est souvent déterminante. Dans ce livre, vous avez l'un et l'autre dit ne pas être nés dans des familles fortunées, et que le capital qu'elles vous ont transmis était immatériel. Quel est ce capital ?

Jean-Louis FIAMENGHI (JLF) : Cela peut paraître banal, mais ma famille m'a d'abord transmis de l'amour. C'est le capital le plus précieux. Plus tard, au cours de ma carrière de policier, lorsque je côtoyais des délinquants, j'ai mesuré combien la privation d'amour dans l'enfance peut pousser certains à emprunter de mauvais chemins. L'amour reçu enfant construit puis préserve l'estime de soi, et il évite d'arriver « cassé » dans la vie adulte, avec tous les dégâts psychologiques que l'on connaît. Ensuite, mes parents m'ont transmis le goût de l'effort et de l'exemplarité. Dans la société traditionnelle corse, être le fils de quelqu'un paraît très patriarcal, mais cela reste structurant. Le regard de la société obligeait le père à être exemplaire dans son comportement et à léguer cette exemplarité à son fils.

Denis FAVIER (DF) : Mes parents m'ont transmis des valeurs fortes, à commencer par le respect de l'autre. Dès l'enfance, ils m'ont inculqué un principe de respect, non seulement des autorités mais aussi des personnes. Pour mes parents, il était inenvisageable de porter préjudice à quelqu'un. En plus du respect de l'autre, ils m'ont également transmis des valeurs telles que le travail et l'honnêteté. Ce sont eux qui m'ont ouvert les yeux sur les enjeux de préservation du bien commun, sur la défense de la Patrie. Ce sont là des valeurs simples. Peut-être qu'aujourd'hui ces valeurs se diluent ou se perdent, mais elles ont été structurantes pour moi.

GF: Vous souvenez-vous d'un enseignant qui vous a particulièrement marqués à l'école?

JLF: L'école militaire m'a indéniablement structuré. Nos enseignants de l'époque m'ont marqué par leur engagement. Ils faisaient tout pour nous, leurs élèves. À leur contact, nous avons appris le sens, la mesure et le goût de l'effort. Voyant à quel point ils s'engageaient pour nous, nous nous engagions aussi. Je me souviens encore aujourd'hui d'un surveillant qui s'occupait plus particulièrement de notre groupe d'élèves : l'adjudant-chef Pelloni. Il avait été blessé au combat en Indochine et nous racontait ses histoires de guerre. Avec le recul, je me rends bien compte qu'il avait peut-être enjolivé certains récits, mais cela faisait rêver les enfants que nous étions. Récemment, en remettant de l'ordre dans mes affaires, je suis tombé sur une vieille photo de l'école militaire sur laquelle je suis à côté de lui. Il savait me captiver et il a joué un rôle déterminant dans mon désir de vivre des aventures lointaines. D'ailleurs, lorsque j'ai quitté l'école militaire, c'était dans l'idée de devenir reporter de guerre, comme je l'ai indiqué au début de cet ouvrage.

DF : Au-delà d'un enseignant en particulier, je retiens surtout la force de notre système éducatif qui permet l'épanouissement si on s'en donne les moyens. Arrivé en classe préparatoire, j'ai été frappé par le niveau d'engagement de nos enseignants, qui ne vivaient qu'à travers la réussite de leurs élèves aux concours. Je me souviens de professeurs qui, dans la période des oraux, venaient dans les chambrées pour faire un point sur un sujet qu'ils estimaient avoir insuffisamment travaillé au cours de l'année. Nos enseignants étaient particulièrement engagés. Les devoirs surveillés qui avaient lieu le samedi nous étaient rendus corrigés dès le lundi matin, au prix de week-ends entiers passés à lire des copies assez denses. Leur engagement était total, et cela m'a incontestablement marqué.

GF : Absolument rien ne vous prédestinait aux carrières que vous avez menées et, pourtant, vos trajectoires professionnelles sont extraordinaires, au sens premier du terme. Était-ce inné ou vous a-t-on formés à exercer de telles fonctions ?

DF : On n'exerce jamais ces responsabilités totalement par hasard. Y entre, en effet, une part de caractère, de qualités personnelles et de compétences propres. Ces compétences ne sont effectivement pas celles de tout un chacun, mais elles ne nous distinguent pas pour autant de nos camarades qui ont reçu la même formation au commandement. Je crois, par conséquent, que la différence de parcours est surtout liée aux circonstances. Être sur la bonne opération au bon moment et y prendre la bonne décision peut changer le cours d'une trajectoire professionnelle. Cela prouve bien qu'il n'y a pas de prédestination, pas plus que de destin forcé. Pour ma part, je ne crois pas que les circonstances puissent se provoquer. En revanche, lorsqu'une opération se présente, il faut savoir s'en emparer. Enfin, concernant ceux de qui j'ai appris, je dirais m'être façonné à plusieurs sources. On picore de façon presque insoupçonnée chez les uns et les autres, chez un chef, chez un politique, chez un subordonné. Il faut beaucoup observer et retenir ce qui nous semble efficace.

JLF : Au départ, il existe bien sûr une appétence pour la prise de risque. On ne peut rejoindre certaines unités, surtout aux postes les plus exposés sur le terrain, sans ce goût de l'action. À l'origine, il y a donc cet état d'esprit très particulier, auquel s'ajoutent des valeurs socles telles que la motivation et la résilience. Ensuite, face aux circonstances, deux attitudes sont possibles : celle où l'on reste en retrait et celle où l'on s'engage pleinement dans l'action. J'ai toujours opté pour la seconde, et cela m'a façonné. Enfin, au cours d'une carrière, on croise nécessairement des personnalités marquantes qui nous transmettent une part d'elles-mêmes. Au début de mon parcours professionnel, je me souviens de Claude Brunet, un brigadier de la BRB doté d'un sixième sens pour repérer les délinquants en flagrant délit. C'est d'ailleurs lui qui faisait office de chef de groupe par délégation bienheureuse de son divisionnaire. J'ai beaucoup appris en l'observant. J'ai aussi beaucoup appris de Robert Broussard et d'Ange Mancini, bien sûr. Aujourd'hui, quarante ans plus tard, je continue toujours à observer pour apprendre. Par exemple, par sa capacité d'écoute et ses qualités de chef, Antoine Frérot m'enseigne énormément. Nous reproduisons tous certains comportements de nos chefs, consciemment ou non, tout au long de notre carrière.

GF : La lettre d'adieu de Guy Môquet, qu'il a écrite avant d'être fusillé par les Nazis en octobre 1941, se termine par ces mots : « Vous tous qui restez, soyez dignes de nous, les 27 qui allons mourir. » Définiriez-vous la transmission en ces termes ? Comme l'exemplarité due à ceux qui nous précèdent ?

DF : Ces mots de Guy Môquet sont écrits dans un contexte dramatique difficilement transposable aux réalités que nous connaissons. Sur le fond du message, l'appel à la dignité de nos anciens est un moteur puissant au sein des organisations. Je l'ai notamment mesuré dans la Gendarmerie. Tous corps confondus, les jeunes ne veulent pas décevoir. Au GIGN, en particulier, c'est très frappant. Les membres de l'unité ont conscience de l'engagement de leurs anciens et entendent ne pas décevoir pour prolonger cette histoire faite d'hommes et de femmes engagés.

JLF : L'héritage pousse à l'exemplarité, bien sûr. J'ai toujours cherché à être personnellement exemplaire. Au fil de mes différents commandements (GIPN, RAID, SPHP, préfet), j'ai pu mesurer à quel point la dignité de l'héritage reçu est un moteur puissant.

GF : Diriez-vous que vous êtes des pédagogues ou des passeurs ?

DF : Je ne suis pas pédagogue au sens où je n'ai pas la patience d'expliquer avec le souci de transmettre. Si des valeurs se transmettent, je veux croire que c'est par l'exemplarité. Je n'ai jamais inscrit mon action dans une logique de transmission, pas plus que je n'ai cherché à laisser une trace. Ce serait extrêmement prétentieux. Jamais je n'ai fait mes choix en fonction de leur impact sur mon image à long terme.

JLF : Je ne pense pas non plus être pédagogue. Je ne suis pas un enseignant dans l'âme. Je reconnais que des parcours peuvent être inspirants. Moi-même, lorsque j'étais jeune inspecteur, j'ai fait la connaissance de Raymond Sasia, l'officier de sécurité du Général de Gaulle. J'étais très impressionné par son parcours et cela m'a motivé pour la suite de ma carrière à bien des égards. J'ignorais à l'époque que j'allais avoir le parcours qui serait le mien. Si mon parcours inspire d'autres personnes comme Raymond Sasia m'a inspiré moi-même, tant mieux, mais je ne le recherche pas.

GF : Au cours de vos carrières, que vous êtes-vous attachés à transmettre ?

DF : Je n'ai pas cherché à transmettre au sens où je n'ai cultivé ni héritage, ni image. Je n'ai pas non plus cédé aux sirènes des médias. Je me suis engagé et je n'ai pas cherché la médiatisation. Elle a pu survenir à travers les opérations auxquelles j'ai participé, mais je ne l'ai pas provoquée ni entretenue. Les personnes inspirées par les opérations le sont surtout par l'attitude et par le comportement de ceux qui les ont menées.

JLF : Je pense avoir transmis des principes de vie par l'exemplarité. Lorsque j'étais commissaire de police, je me rendais dans des lycées de quartiers difficiles pour parler des métiers de la police. Quand j'entrais dans la salle de classe, je repérais souvent le noyau d'élèves assis au fond de la pièce et j'arrivais à les accrocher en leur parlant de mon parcours. Je n'étais pas spécialement doué. C'est par le travail, la motivation, que je me suis fait, sans attendre nécessairement d'accéder à telle ou telle responsabilité. Je me suis mis au service du pays de façon désintéressée, sans chercher l'éclat et la gloire. J'aurais pu aller dans le privé beaucoup plus tôt, mais je sentais que je n'avais pas terminé ma mission au service de l'État.

GF : Souvent, quand il est question de transmission, on pense spontanément aux plus jeunes. Quels messages souhaiteriez-vous leur transmettre à travers ce livre ?

DF : À travers ce livre, on s'adresse à de jeunes managers à une époque où beaucoup de jeunes actifs cherchent leur voie. Je voudrais simplement leur dire que rien ne me prédisposait à avoir le parcours que j'ai eu. Je suis issu d'un milieu modeste. Le système éducatif français m'a permis d'arriver là où j'en suis arrivé en travaillant et en m'engageant sans compter. On peut devenir commandant du GIGN, puis directeur général de la Gendarmerie nationale si on y croit, si on travaille pour cela et si on s'engage à travers des actions fortes et désintéressées. Ce qui compte, plus que tout, c'est de donner du sens à sa vie.

JLF : Je souhaiterais leur transmettre le goût de l'effort et la persévérance. Il ne faut jamais abandonner. Même quand on reçoit les premiers coups et qu'ils font mal, il faut continuer d'avancer. Je pense que les directeurs des ressources humaines devraient intégrer des tests psychologiques dans leur processus pour recruter leurs futurs hauts potentiels.

GF : Qu'avez-vous transmis à vos enfants ?

JLF : Je pense leur avoir transmis le goût de l'effort et de la persévérance, précisément. Ce sont des valeurs qui permettent d'être solide au quotidien. Mes fils m'ont regardé jour après jour et se sont construits tant à travers qu'en dehors de moi. Mon fils aîné est policier. Mon cadet a fait Saint-Cyr – sa vocation s'est révélée assez tardivement. Dans les deux cas, je n'ai jamais cherché à leur transmettre mon métier. Je me rassure en constatant que ma faible disponibilité durant leur enfance ne les a pas trop affectés et qu'ils sont solides.

DF : J'ai quatre enfants. Ils connaissent mes qualités comme mes défauts. Ils ont vu mon engagement. Ils en ont, aussi, indirectement payé le prix. Chacun d'eux a choisi sa voie. Ils ont en commun cette même valeur de l'engagement.

GF : Que transmettez-vous à vos petits-enfants ?

DF : Pour le moment, j'ai huit petits-enfants. Ils sont encore trop jeunes pour qu'on puisse engager des conversations sur les valeurs et l'engagement. Je pense que je ne serai jamais sur ce registre, mais ils perçoivent sans doute une attitude générale et des réactions. Par tempérament, je ne parle jamais, ou très peu, des opérations que j'ai menées.

JLF : J'ai un petit-fils. Je lui transmets surtout de l'amour et de la confiance en lui.

GF : Sur son lit de mort, le laboureur de Jean de La Fontaine fait croire à ses enfants que leur terre renferme un trésor pour leur faire prendre conscience de la valeur travail. C'est cette valeur qu'il faudrait transmettre en priorité ?

DF : Le travail est, bien sûr, une valeur importante dans la vie, mais ce n'est qu'un moyen pour atteindre un but. Ce qui compte, justement, c'est le but, c'est ce sur quoi débouchent le travail et les résultats concrets qu'il engendre. Le travail pour le travail, ça n'a pas vraiment de sens.

JLF : Les plus jeunes sont travailleurs, mais ils ne sont pas toujours réguliers dans l'effort. Bien sûr, il faut les sensibiliser à la valeur travail, mais cela implique de leur inculquer aussi le principe de constance dans l'effort. À défaut, on sombre vite dans le zapping permanent.

GF : D'ici quelques années, la seconde phase de vos carrières professionnelles respectives sera achevée. De quelle manière allez-vous poursuivre votre œuvre de transmission ?

DF : Personnellement, je prends la vie comme elle vient. Après une vie très active, il y a en moi une aspiration à l'apaisement. Je pense revenir à des choses simples et notamment à la terre, que j'aimerais cultiver comme mes grands-parents avant moi.

JLF : Pour ma part, je voudrais surtout passer du temps en famille. Ma vie professionnelle m'a privé de moments essentiels avec eux et j'aspire à rattraper ce temps perdu en revenant à une existence simple et calme.

GF : *Quid* de ce projet de livre ? Était-ce pour transmettre, précisément ?

DF : Je me rends compte qu'en gestion de crise, beaucoup de gens parlent avec assurance alors même qu'ils ont peu d'expérience. Je jugeais intéressante la démarche qui consiste à partager notre expérience pour aider les plus jeunes de ceux qui nous succèdent à trouver leur voie face aux crises.

JLF : Ce livre est un partage d'expériences. Il a pour ambition d'armer de futurs managers pour les aider à affronter les crises. S'il permet à certains d'être mieux éclairés dans leurs parcours, tant mieux et bonne chance à eux !

GF : Qu'aimeriez-vous que l'on retienne de vous ?

DF : Au regard de l'Histoire, nous ne sommes rien et il serait très prétentieux d'imaginer que nous laisserons une trace. J'ai quitté mes fonctions de directeur général de la Gendarmerie il y a six ans maintenant et je me garde bien d'interférer dans l'action de mes successeurs. Dans nos métiers, il faut savoir tourner les pages.

JLF : J'aimerais laisser l'image d'un homme exemplaire, qui a été guidé par des valeurs simples. Rien ne me prédestinait à ce parcours, mais j'ai été curieux de la vie et des personnes que j'ai rencontrées.

Postface

S'engager

Au cours de leur carrière, Jean-Louis Fiamenghi et Denis Favier se sont engagés. Sans jamais se croire indispensables, ils ont consacré leur énergie, puis leur temps et finalement leur vie entière au service de leur pays et des autres. Leur engagement était oblatif. Désintéressé. Peu d'hommes sont dotés d'un tel sens de l'intérêt général. Eux le sont. Par humilité, ils n'endosseront peut-être pas ce constat. Mais l'évidence est que leur engagement, façonné crise après crise, a été nécessaire à notre pays dans des moments particulièrement difficiles.

S'engager, d'autres qu'eux peuvent le faire. Ceux qui le font s'engagent à leur niveau et dans un contexte qui n'est pas toujours celui d'une crise, heureusement. L'engagement revêt de multiples formes, mais il garde pour constantes le don de soi aux autres, l'humilité et la persévérance.

En tant que professeur, je veux croire que la transmission est aussi une forme d'engagement au profit de ceux qui s'engagent. Éclairer et transmettre l'engagement des autres donne du sens et conforte le sentiment de reconnaissance qu'ils inspirent à la collectivité. À terme, l'œuvre de pédagogie qu'est cet ouvrage peut éveiller le désir d'imiter ceux qui s'engagent. Cela revient à s'engager pour que d'autres s'engagent et c'est, là encore, une forme d'engagement.

Sans doute la marque de mon propre engagement est-elle celle-là. N'ayant jamais revêtu d'uniforme, ni appartenu à aucun service de l'État, je me suis engagé pour ceux qui s'engagent et pour que d'autres s'engagent à leur tour. Je l'ai fait à la place qui est la mienne, celle de l'enseignant, en cherchant à faire émerger à travers ces entretiens le sens de l'engagement de ces hommes de bonne volonté qui ont mis leur vie au service de la République. J'ai également cherché par là à éveiller chez mes étudiants le désir de servir à leur tour un idéal qui les transcende.

Participer à l'écriture de ce livre s'inscrivait dans le prolongement de cette démarche d'enseignant engagé. Chaque semaine, avant que ne démarrent les entretiens avec les auteurs, je pensais à mes étudiants passés et actuels. Alors que certains viennent tout juste de s'engager dans la vie active et que d'autres s'apprêtent à le faire, je me demandais ce qu'ils aimeraient apprendre de ces deux grands chefs qui sont allés au bout de leur engagement, puis je rédigeais mes questions en conséquence.

C'est ainsi que s'est construit cet ouvrage, entre engagement et transmission. J'espère qu'au terme de sa lecture, il aura tenu sa promesse.

Guillaume Farde

Post-scriptum

Face à la guerre

Guillaume FARDE (GF) : Alors que le manuscrit de ce livre était achevé, l'armée russe a envahi l'Ukraine, déclenchant ainsi une guerre dont les effets sont difficilement prévisibles, même à très court terme. La guerre est le degré paroxystique de la crise. Elle entraîne le chaos, et ses conséquences occasionnent des crises en cascade bien au-delà de la zone d'affrontements, à proprement parler.

Au cours de votre carrière, vous avez déjà été confrontés tous deux à des guerres et vos entreprises respectives ont également connu la guerre dans certains États où elles sont implantées. En quoi la guerre se distingue-t-elle des autres types de crise abordés dans ce livre ?

Denis FAVIER (DF) : Ce qui se passe actuellement en Ukraine dépasse de très loin les crises que j'ai eu à connaître. C'est la guerre avec sa violence absolue et les drames qu'elle génère. Cette guerre est un affrontement de haute intensité. Elle met en jeu des moyens militaires lourds, se déroule sur un territoire vaste, et déstabilise tous les pans d'un pays en touchant notamment aux populations. Face à un tel chaos, les quelques mécanismes de gestion de crise que l'on a détaillés dans ce livre peuvent sembler dérisoires.

Jean-Louis FIAMENGHI (JLF) : À l'heure où nous achevons l'écriture de ce livre, je manque encore de recul et d'informations pour comparer les situations. Au demeurant, la guerre en Ukraine entraîne les mêmes drames humains, les mêmes destructions et les mêmes horreurs que ceux que j'ai pu rencontrer au cours de ma carrière, notamment en Afrique. Les activités du groupe Veolia ont été confrontées aux guerres en Irak et en Libye, ainsi qu'à certains coups d'État en Afrique. Dans pareilles circonstances, la sécurité de nos salariés est un enjeu majeur et requiert de la réactivité. La guerre en Ukraine est une crise majeure, qui nécessite que l'on poursuive notre effort de sensibilisation des managers à l'instabilité du monde et aux conséquences de cette instabilité sur la conduite des affaires.

GF : La guerre en Ukraine a également un impact sur l'activité économique des entreprises. À quel moment a-t-il été décidé de l'ouverture d'une cellule de crise au sein de votre entreprise et pourquoi ?

JLF : Lors du déclenchement du conflit, notre effort porte immédiatement sur la sécurité des salariés. C'est un enjeu prioritaire. Pour ma part, et dans le cadre de notre procédure « Alerte et gestion de crise », je suis appelé le 24 février 2022 à 6 heures du matin par le directeur de la zone Europe centrale et orientale, Philippe Guitard, qui m'informe de l'invasion de l'Ukraine par les troupes russes. J'en informe immédiatement le PDG du Groupe, Antoine Frérot, puis le directeur général adjoint, Laurent Obadia. Ils me demandent l'un puis l'autre de composer la cellule de gestion de crise en lien avec les cellules de crise mises en place localement, en Ukraine et en Russie.

DF : Au-delà du drame vécu par les populations, victimes des combats, cette guerre a de multiples incidences. Elle vient toucher directement les entreprises implantées dans les pays considérés, qui doivent prendre rapidement des dispositions pour protéger leurs salariés, leurs activités et leurs infrastructures. Cela nécessite la mise en œuvre des procédures propres à la gestion de crise.

GF : Quel est le rôle d'un directeur Sûreté dans pareille situation ?

DF : C'est un rôle assez classique d'assistance aux entités locales qui peut aller jusqu'à l'évacuation des employés expatriés.

JLF : Chez Veolia, le directeur Sûreté assure quatre missions que sont la sûreté des salariés et des sites, la lutte contre la cybercriminalité, la réalisation d'études, et la gestion de crise. Face à celle-ci, et au sortir de celle de la Covid-19, notre réactivité était essentielle. Au sein de la direction de la Sûreté, nous nous sommes immédiatement coordonnés avec les cellules de crise locales, le centre de crise du ministère français des Affaires étrangères et le réseau des attachés de sécurité intérieure de nos ambassades. Nous avons tout d'abord œuvré à la mise en sécurité de tous nos salariés, puis nous avons mis en place des mesures destinées à faire face aux difficultés logistiques et d'approvisionnement que suscite le conflit.

GF : Si on repartait des dix postures clés présentées dans ce livre (se connaître, se préparer, s'entourer, se maîtriser, obéir, agir, communiquer, débriefer, s'adapter, transmettre), lesquelles vous paraîtraient les plus adaptées pour faire face aux conséquences à venir de la crise qui se joue en Ukraine ?

JLF : Toute gestion de crise appelle un état d'esprit particulier, que nous détaillons tout au long de cet ouvrage. La guerre étant une crise paroxystique, tout est démultiplié, si bien que dans cette situation plus encore que dans d'autres, il faut se raccrocher à la méthode. Ensuite, s'il me fallait prioriser certaines des postures présentées, j'en choisirais trois : se connaître, se préparer et agir. Se connaître pour maîtriser ses émotions face à une situation de haute intensité aux conséquences tragiques, se préparer pour acquérir une méthode et des réflexes et, enfin, agir pour ne jamais subir les événements.

GF : Alors que les effets de la crise Covid commencent à se dissiper, voilà qu'une nouvelle crise s'ouvre. Faut-il s'attendre selon vous à une accélération de cette cyclicité, où une crise en chasse une autre ?

DF : Je le pense. En quelques années, je mesure très nettement cette accélération. Je trouve qu'il n'y a plus de temps apaisé.

JLF : Alors qu'il y a plusieurs décennies, la crise relevait de l'exceptionnel et n'était pas prise en compte sérieusement par les services de l'État et les entreprises, les crises se succèdent désormais à un rythme effréné. Cela oblige à se professionnaliser et, par conséquent, à beaucoup s'entraîner pour pouvoir y faire face.

Glossaire

BRB : Brigade de Répression du Banditisme.

CDSE : Club des directeurs Sûreté des entreprises

GIGN : Groupe d'Intervention de la Gendarmerie nationale.

GIPN : Groupe d'Intervention de la Police nationale.

RAID : Recherche, Assistance, Intervention, Dissuasion.

SNI : Schéma National d'Intervention.

SPHP : Service de Protection des Hautes Personnalités.

Parus chez Mareuil Éditions

– *Dans le secret de l'action*, Jean-Louis Fiamenghi et Franck Hériot, 2016, et "En poche" 2021.

– *Patron du Raid*, Jean-Michel Fauvergue et Caroline de Juglart, 2017.

– *Le Dernier Saut*, Jean-Louis Fiamenghi et Franck Hériot, 2017.

– *Le Raid - Comment manager une unité d'élite ?*, Jean-Michel Fauvergue, 2018.

– *Arnaud Beltrame, L'héroïsme pour servir*, Pierre-Marie Giraud, préface de Denis Favier, 2018.

- *La Voix du Raid*, Tatiana Brillant, 2019.

- *Histoire du Raid illustrée*, Ange Mancini et Charles Diaz, 2019.

- *GIGN-RAID, deux patrons face aux nouvelles menaces*, Jean-Michel Fauvergue et Thierry Orosco, 2020.

– *Unités d'élite, le coffret*, avec Ange Mancini, Charles Diaz, Danielle Thiéry, 2021.

Achevé d'imprimer pour Mareuil Éditions par CPI Bussière
en avril 2022. – Dépôt légal : avril 2022.
N° d'impression : 2063446